103

Preguntas que los Niños Hacen acerca de lo que ES BUENO O ES MALO

David R. Veerman
James C. Galvin
James C. Wilhoit
Daryl J. Lucas
Richard Osborne
Lil Crump

Josie Smith
Traducción

Nelly de González
Exequiel San Martín A.
Revisión y Adaptación

EDITORIAL MUNDO HISPANO

EDITORIAL MUNDO HISPANO

7000 Alabama Street, El Paso, TX 79904, EE. UU. de A.

www.editorialmh.org

Nuestra pasión: Comunicar el mensaje de Jesucristo y facilitar la formación de discípulos por medios impresos y electrónicos.

Publicado originalmente en inglés bajo el título: *103 Questions Children Ask about RIGHT from WRONG*, © copyright Tyndale House Publishers.

Las citas bíblicas han sido tomadas de la Santa Biblia: Versión Reina-Valera Actualizada. © Copyright 1989, usada con permiso.

Ediciones: 1996, 1998, 2001, 2007

Número de Clasificación Decimal Dewey: 241

Temas:
1. Etica cristiana
2. Niños – Educación moral
3. Niños – Conducta humana

ISBN: 978-0-311-38652-9
EMH No. 38652

1M 9 09

Impreso en Colombia
Printed in Colombia

CONTENIDO

¿Está bien pensar que uno es mejor que otro si realmente no es así? **63**

HONESTOS Y DESHONESTOS (HACER TRAMPAS)

¿Está bien decir que logré tocar a mi amigo en un juego cuando en realidad no lo toqué? **64**

¿Está bien hacer trampa en un juego cuando el juego se llama TRAMPAS y eso es lo que uno tiene que hacer? **65**

¿Es malo, en un examen de ortografía, mirar la hoja de un compañero y copiar lo que él respondió? **66**

¿Es malo hacer trampas en los deportes? **67**

Dejar ganar al otro equipo cuando sus jugadores están jugando mal, ¿es trampa? **68**

Si gané e hice trampa para lograrlo, ¿tengo que confesarlo? **69**

Cuando uno está jugando, ¿está bien tratar de despistar a los otros jugadores? **70**

¿Por qué algunos hacen trampa para ganar un simple partido? **71**

¿Qué debo hacer si alguien me hace trampa? **72**

LO QUE ES TUYO ES MIO (ROBAR)

¿Por qué es malo robar? **73**

¿Está bien si le robo a alguien algo que me robó a mí? **74**

¿Está bien guardarme un juguete que no es mío si el dueño no me lo reclama? **75**

¿Qué debes hacer si tomas algo porque tus amigos te dijeron que era gratis y después te enteras que tenías que pagar? **76**

Si robar está mal, ¿por qué en el béisbol "roban bases"? **77**

¿Está mal hacer copias de los juegos de computadora? **78**

¿Está mal guardarse el dinero que uno encuentra en la calle? **79**

¿Es robar si por necesidad alguien toma comida ajena? **80**

Tomar prestado algo sin que el dueño lo sepa, ¿es robar? **81**

¿Qué hago si veo que mi amigo está robando en un negocio? **82**

Si uno encuentra algo que no es de uno y no puede dar con el dueño, ¿es eso robar? **83**

POR ULTIMO, Y TAMBIEN IMPORTANTE

¿Está bien arrojarle a alguien las piedras que me tiró a mí? **84**

¿Puedo decir malas palabras si no hay nadie escuchándome? **85**

¿Podré hacer lo que quiera cuando sea mayor? **86**

¿Pensar algo malo es lo mismo que hacerlo o decirlo? **87**

¿Qué tiene de malo hacer lo que todos los demás niños hacen? **88**

¿Tengo que acusar a otros niños? **89**

¿Por qué la gente arroja basura en cualquier parte? **90**

¿Por qué no es bueno hablar con extraños? **91**

¿Está bien importunar a mis padres para que me den lo que quiero? **92**

¿Está bien dar un portazo cuando estoy enojado? **93**

¿Por qué me obligan a hacer ciertas tareas en casa? **94**

¿Por qué tengo que cepillarme los dientes? **95**

¿Está bien gritarle a alguien que se calle si me está molestando? **96**

¿Por qué los anuncios comerciales en la TV dicen cosas que no son ciertas acerca de algunos productos? **97**

¿Por qué no debemos tomar drogas? **98**

¿Por qué algunas personas de una raza odian a las de otra raza? **99**

¿Tengo que darle dinero a un necesitado? **100**

¿Está mal decir chismes? **101**

¿Está bien si manejo el auto de papá por cuatro segundos? **102**

¿Qué pasa si digo una mentira sin saber que es una mentira? ¿Igual es una mentira? **103**

INTRODUCCION
Josh McDowell

Cuando mi hija Kelly cursaba el cuarto año escolar, varios alumnos en su clase tomaron un objeto del escritorio de la maestra cuando ella no se encontraba en el aula. Los niños querían jugar con el objeto pero, al romperse, lo pusieron de vuelta en su lugar.

Cuando la maestra descubrió que estaba roto, le preguntó a una de las compañeras de Kelly qué había pasado. La niña cedió a la presión del grupo y mintió. Entonces la maestra le preguntó a Kelly y ella sencillamente le explicó lo sucedido.

Al día siguiente fui de paseo con Kelly y le dije que había actuado bien, que había hecho lo correcto a pesar de las presiones o el hostigamiento que pudiera sufrir de parte de sus compañeras. Y luego le pregunté:

—Hija, ¿por qué es malo mentir?

—Porque la Biblia dice que es malo.

—¿Por qué dice la Biblia que es malo?

—Porque es un mandato de Dios.

—¿Por qué es un mandato de Dios?

—No sé —admitió ella.

Tomé sus manos en las mías y nos miramos de frente.

—Porque Dios es verdad, Kelly. La verdad nace de su naturaleza, y cualquier cosa contraria a la naturaleza de Dios es pecado.

No bastaba con que Kelly simplemente supiera que mentir es malo, ni tampoco que la Biblia dice que es malo. Si vamos a impedir que la sociedad atrape a nuestros hijos, y si queremos inculcarles la escala de valores que nos enseña la Biblia, tienen que saber por qué ciertas cosas son buenas y correctas, y por qué otras cosas son malas e incorrectas.

Le explicaré por qué.

Usted y yo vivimos en una época de tremendos desafíos. Nuestros periódicos lo informan: "Niños venden drogas", "Violencia estudiantil", "El crimen se apodera de las calles". Las revistas noticiosas lo documentan: "El desgaste de la fibra moral de nuestro pueblo se ha convertido en una obsesión nacional; según una reciente encuesta de una revista, un 76% de la población opina que estamos en una declinación espiritual y moral." La comunidad cristiana lo teme: "Según un estudio reciente, el principal temor entre padres cristianos, pastores y líderes juveniles es el de no poder transmitir sus valores a la próxima generación."

Es por eso que estamos colaborando con más de 40 líderes denominacionales y otros grupos cristianos **"a fin de lanzar un esfuerzo popular en toda la nación para capacitar a padres, abuelos, pastores, líderes que trabajan con jóvenes, niños y educadores cristianos a fin de que den a los jóvenes y niños las herramientas que necesitan para distinguir entre lo que es bueno o es malo, habilitándolos así para tomar decisiones correctas"**.

Los niños están confundidos respecto a la verdad

Muchos de nuestros jóvenes luchan por dar forma al concepto de la verdad y quién la define. Nuestro estudio indica que nuestros hijos se sienten confundidos sobre qué verdades son absolutas y qué es lo que las convierte en absolutas. Y si esto sucede con nuestros jovencitos adolescentes, usted puede estar seguro de que lo mismo pasa con nuestros niños. Es por eso que toman decisiones condicionales, escogen lo que parece convenirles mejor en el momento, y no reconocen los principios fundamentales sobre los cuales deben guiar su conducta.

¿Qué es la verdad absoluta?

Muchos de nuestros niños y jovencitos sencillamente no entienden o aceptan la verdad absoluta: **es decir, lo que es verdad para todas las personas, en todos los tiempos y en todas partes.** Una verdad absoluta es una verdad que es *objetiva, universal y constante.*

Todos hemos establecido diversas reglas y pautas para

la familia. Por ejemplo, he establecido a qué hora tiene que estar en casa mi hija de trece años, especificando que debe ser en cuanto haya terminado la actividad deportiva escolar. Le he dicho: "No es bueno estar fuera de casa después de la diez de la noche." He establecido una pauta fija a seguir. Si obedece y llega a la hora establecida, está en lo correcto; si la viola, no está en lo correcto. Quiero que mi hija lo considere como una regla fija. Y, en la mayoría de los casos, lo hace.

Pero, el estar en casa para las diez después de una actividad escolar, ¿se podría considerar una verdad absoluta? No. Esta pauta no se aplica a todas las personas, en todos los tiempos y en todas partes. Los municipios, los estados o provincias y gobiernos pueden crear diversas ordenanzas, reglas y leyes. Estas deben ser obedecidas, pero no necesariamente son absolutas. Las ordenanzas cambian, las reglas pierden pertinencia y algunas leyes se aplican únicamente en ciertos estados o provincias. Y, lo cierto es que aun la regla sobre la hora en que debe llegar a casa mi hija puede cambiar en el futuro. Una verdad absoluta, en cambio, es objetiva, universal y constante. Es decir, no cambia.

Si nuestros niños van a aprender a diferenciar entre lo que es bueno y lo que es malo, deben saber qué verdades son absolutas y por qué. Tienen que saber qué normas de comportamientos son correctas para todas las personas, en todos los tiempos y en todas partes. Necesitan saber quién determina la verdad y por qué.

Por qué la verdad sí importa

Puede ser que usted piense: "Vamos, amigo, toda esta charla sobre absolutos parece tan abstracta. ¿Cree realmente que las opiniones de mis hijos sobre la verdad son las que realmente determinan su conducta?" Esta es una de las sorprendentes revelaciones de esta investigación. Nuestro estudio indica que cuando los jóvenes no aceptan una norma objetiva de la verdad, sucede que son:

¡un 36% más propensos a mentirle a usted, padre o madre!

¡un 48% más propensos a copiar en un examen!

¡2 veces más propensos a tratar de dañar físicamente a alguien!

¡2 veces más propensos a mirar una película pornográfica!

¡2 1/4 veces más propensos a robar!

¡3 veces más propensos a usar drogas!

¡6 veces más propensos a intentar suicidarse!

Si su hijo no se apropia de la verdad como norma objetiva para gobernar su vida, el estudio muestra que será:

¡un 65% más propenso a desconfiar de los demás!

¡2 veces más propenso a sentirse desengañado!

¡2 veces más propenso a sentir ira contra la vida!

¡2 veces más propenso a estar resentido!

Lo que nuestros hijos opinan sobre la verdad tiene un efecto definitivo sobre su conducta: las decisiones que toman y las actitudes que adoptan.

Hay esperanza

Criar a nuestros hijos en medio de una "generación torcida y perversa" (Filipenses 2:15) es una perspectiva que asusta. No existen respuestas fáciles, pero SI hay esperanza. No es demasiado tarde para reforzar los fundamentos que se van desmoronando. Si usted y yo estamos dispuestos a dejar a un lado la actitud de buscar una "solución instantánea" y encarar la cruda realidad de lo que como comunidad cristiana hemos permitido (y quizá inconscientemente hemos adoptado nosotros mismos), creo que hay esperanza.

¿Qué son las 4 "C"?

Las 4 "C" son un proceso de cuatro pasos para tomar decisiones correctas. La esperanza es que esto generará una nueva manera de razonar y actuar, al aprender los niños a tomar decisiones correctas basadas en Dios y su Palabra como su norma sobre lo bueno y lo malo. Este es el proceso:

1. Considerar las opciones. Queremos que cuando nuestros niños enfrenten una decisión moral, primero se detengan para considerar qué es lo que determina el que algo sea bueno o malo, correcto o incorrecto.

Nuestra sociedad, por lo general, nos ha condicionado a creer que cada uno tiene el derecho de determinar lo que es bueno o malo. La verdad, desde esta perspectiva, es subjetiva y personal, y no existe el bien o mal absoluto que gobierne la vida de una persona. O sea que queda en manos de cada uno determinar lo bueno o malo de sus actitudes y acciones.

En este primer paso tenemos que preguntarnos: "¿Quién determina lo que es bueno o es malo en esta situación?" Este paso, en cierto sentido, pone delante de los niños una especie de señal que dice PARA, DETENTE, que les advierte que sus actitudes y acciones serán juzgadas por alguien fuera de ellos mismos. Que no podrán justificar su conducta basados en sus propios intereses egoístas.

2. Compararlas con Dios. Este segundo paso contesta la pregunta: "¿Quién determina lo que es absolutamente bueno o malo?" Aquí queremos que nuestros niños admitan que hay un Dios absolutamente justo, y que para determinar si sus actitudes y acciones son buenas o malas, deben compararlas con Dios y su Palabra.

Este paso los lleva a la revelación de Dios en su Palabra escrita. Su Palabra (las Escrituras del Antiguo y Nuevo Testamentos) contiene todas las pautas específicas y absolutas sobre lo que es bueno o es malo en lo que a actitudes y acciones se refiere. Estas pautas no son simplemente los "Sí harás" y "No harás" de la ley, sino que son un reflejo de la naturaleza y el carácter de Dios mismo.

3. Comprometerse con el camino de Dios. Este tercer paso es el quid de la cuestión. Es el momento de la decisión. Considerar las opciones y compararlas con Dios son pasos necesarios para mostrar a nuestros hijos si sus caminos son o no los caminos de Dios. Nos muestra a todos que nuestra tendencia es justificar, racionalizar y excusarnos en un intento por legitimizar intereses y placeres egoístas. Cuando comparamos nuestras actitudes y acciones con Dios como Dios (Paso 2), admitimos que su carácter y naturaleza definen absolutamente lo que es bueno y lo que es malo. Las actitudes y acciones que son como Dios es, son consideradas buenas. Las actitudes y acciones que no son como Dios es, son consideradas malas.

Pero cuando nos comprometemos con el camino de Dios, esto significa que dejamos a un lado nuestro egoísmo, y las actitudes y acciones que no son como Dios es, y nos sometemos a él como Señor de nuestra vida. Nos apoyamos en su poder para llevar a cabo su voluntad en nosotros.

4. Contar con la protección y provisión de Dios.
Cuando humildemente admitimos la soberanía de Dios y sinceramente nos sometemos a su autoridad cariñosa, no sólo empezamos a distinguir claramente las diferencias entre lo que es bueno o es malo, sino que podemos también contar con la protección y provisión de Dios. En este cuarto paso queremos que los niños agradezcan a Dios su cariñosa protección y provisión. Esto no significa que todo será color de rosa. En realidad, Dios dice que puede ser que suframos por causa de la justicia. Pero tal sufrimiento tiene grandes galardones. Vivir de acuerdo con los caminos de Dios y dejar que el Espíritu Santo viva por medio de nosotros trae muchas bendiciones espiri-tuales, como ser, liberación del sentido de culpa, una limpia conciencia, el gozo de compartir a Cristo y, lo más importante, el amor de Dios y su aprobación para nuestra vida. Además, cuando somos obedientes a Dios,

disfrutamos de muchos beneficios físicos, emocionales, psicológicos y relacionales. Aunque la protección y provisión de Dios no deben ser la principal motivación de los niños para obedecerle, sí proveen un refuerzo poderoso para que se decidan por lo bueno y rechacen lo malo.

Los niños necesitan saber que a Dios realmente le importan las decisiones que toman. "Porque yo sé los planes que tengo acerca de vosotros", dice el Señor, "planes de bienestar y no de mal, para daros porvenir y esperanza" (Jeremías 29:11). En conclusión, tomar decisiones morales correctas basadas en Dios y su Palabra como nuestra norma de lo que es bueno y es malo se resume en confiar en Dios. ¿Creemos realmente que Dios tiene un plan para hacernos prosperar? De ser así, y le aseguro que lo es, entonces vivir teniendo una relación con él no sólo es bueno sino que, a la larga, es para nuestro bien.

Este libro le capacitará a usted para guiar a los niños a descubrir que una relación personal con Dios, además de ser posible, es fundamental para tomar decisiones correctas en la vida. También le mostrará que juega un papel vital en ayudarles a entender esa relación. Que juntos, con la ayuda de Dios, podemos ayudar a los niños a aprender cómo tomar decisiones morales correctas y ayudarles a descubrir también cómo tener una nueva relación con Dios.

—Josh

P.D.: Para ayudarle a usted y a su iglesia en su esfuerzo continuo por transmitir valores bíblicos a la próxima generación, le invitamos a ver los recursos adicionales al final de este libro.

NOTA DE LOS ESCRITORES

Este libro es un punto de partida. No es una lista exhaustiva de todas las preguntas que su hijo hará sobre moralidad. Tampoco es una compilación de todas las respuestas que usted necesitará. Es una colección de Las Grandes —de las preguntas que muy probablemente usted escuchará de los niños si está con ellos algo de tiempo, y un camino hacia algunas respuestas.

Todas las preguntas en realidad provienen de niños. Entrevistamos a niños de entre tres y doce años, y recopilamos sus preguntas, las que luego agrupamos hasta identificar las 103 más comunes e importantes. Si usted tiene hijos o si trabaja muy seguido con niños, tarde o temprano escuchará preguntas como éstas... ¡si es que no las ha oído ya!

Las respuestas, por otro lado, provienen enteramente de las Escrituras. Para cada pregunta buscamos en la Biblia los pasajes más relevantes, y luego resumimos su aplicación a las cuestiones enfocadas en ella. Por eso le animamos a que estudie los pasajes listados después de cada respuesta. La Biblia es nuestra autoridad definitiva y únicamente ella nos revela la voluntad de Dios. Voluntad que surge de su naturaleza santa y perfecta.

Hemos escrito este libro para ayudarle a contestar las preguntas infantiles sobre lo que es bueno y lo que es malo. Sinceramente esperamos y oramos para que así sea.

Y ya que su hijo tendrá que aprender a tomar sus propias decisiones sin que alguien a su lado le ayude, en la Introducción hemos incluido una explicación de las 4 "C", de Josh McDowell. Este proceso de cuatro pasos para tomar decisiones es una habilidad que cada niño debe adquirir. Apréndalo y enséñeselo a su hijo al dialogar sobre las preguntas y respuestas que él o ella tiene.

Dios le bendiga en su esfuerzo por ayudar a su hijo a elegir lo que es bueno y rechazar lo que es malo.

Dave Veerman, Jim Galvin, Jim Wilhoit,
Daryl Lucas, Rick Osborne y Lil Crump

BUENO...
¿ES BUENO
O ES MALO?

P: ¿Cómo se puede saber lo que es bueno y lo que es malo?

R: Podemos saber lo que es bueno conociendo a Dios. Dios es perfecto y siempre tiene la razón; por eso todo lo bueno concuerda con la manera de ser de Dios. Por ejemplo, porque Dios es amor sabemos que es bueno ser cariñoso y bondadoso. Pero por otro lado, todo lo que va en contra de cómo es Dios es malo. Podemos aprender cómo es Dios leyendo su Palabra, la Biblia. La Biblia nos ayuda a saber cómo es Dios y a actuar como él actúa. Dios nos ha dado reglas e indicaciones que también se encuentran en la Biblia, que nos dicen cómo vivir. Cuando leemos reglas como los Diez Mandamientos, sabemos cómo es Dios y cómo quiere que actuemos.

Versículo clave: *Guarda y obedece todas estas palabras que yo te mando, para que cuando hagas lo bueno y recto ante los ojos de Jehovah tu Dios, te vaya bien a ti, y a tus hijos después de ti, para siempre (Deuteronomio 12:28).*

Versículos relacionados: *Exodo 20:1-17; Deuteronomio 5:6-22; Juan 14:6; 2 Timoteo 3:16, 17*

Preguntas relacionadas: *¿Cómo pueden saber las personas lo que es bueno y lo que es malo? Mis amigos hacen cosas que a mí me parecen malas, ¿cómo puedo saber si son buenas o no? Hacer algo que a mí me parece bueno, ¿puede ser alguna vez malo? ¿Por qué la Nueva Era es un error?*

Nota a los padres: *El niño puede valerse de esta pregunta como una excusa para desobedecerle o ser irrespetuoso con sus maestros o con otras personas en puestos de autoridad: "¿Cómo se sabe que tal o cual cosa es mala?" La respuesta es que Dios determina lo que es bueno y lo que es malo, pero también les dice a los niños que deben obedecer a sus padres y respetar a las personas en puestos de autoridad. Anime a sus hijos a confiar en Dios y su Palabra, porque él anhela lo mejor para nosotros.*

Bueno... ¿Es Bueno o Es Malo?

P: ¿Por qué la gente hace lo malo si sabe que es malo?

2

R: Uno hace lo malo por su naturaleza pecadora. Hace muchos, muchos años, Dios creó al primer hombre y a la primera mujer, Adán y Eva. Pero al poco tiempo ellos cometieron el primer pecado: desobedecieron a Dios. Puedes leerlo en Génesis 3:1-24. Antes de eso, el mundo era perfecto, no había pecado, ni maldad, ni malas acciones. Pero cuando Adán y Eva desobedecieron a Dios, el pecado apareció en el mundo y, desde entonces, todos han nacido con una naturaleza pecadora. En otras palabras, es natural hacer lo malo; es fácil elegir hacer lo malo. Esta es una debilidad que todos tenemos. A veces hacemos algo aunque sabemos que es malo porque tenemos miedo de lo que otros dirán si hacemos lo bueno. También podemos sentirnos presionados por nuestros amigos a hacer lo malo o a adoptar una mala costumbre. No es que todo lo que hacemos sea malo; también podemos hacer lo bueno y tomar decisiones correctas. Pero es más fácil tomar decisiones equivocadas. Hoy tenemos las mismas opciones que tuvieron Adán y Eva. Podemos confiar en Dios y seguir su camino, o podemos decidir por nosotros mismos lo que es bueno y lo que es malo, y hacer las cosas como se nos da la gana, siguiendo nuestro propio camino equivocado.

Versículo clave: *Por esta razón, así como el pecado entró en el mundo por medio de un solo hombre y la muerte por medio del pecado, así también la muerte pasó a todos los hombres, por cuanto todos pecaron (Romanos 5:12).*

Versículos relacionados: *Génesis 3:1-24; Isaías 53:6; Mateo 26:41; Marcos 14:38; Romanos 6:23*

Nota a los padres: *El hecho de que exista el pecado no quiere decir que uno tiene que hacer lo malo. Por eso haga ver a su hijo que puede hacer lo bueno; este puede ser el momento para explicar que Jesús vino para morir por nosotros y que por medio de la fe en él podemos liberarnos del pecado en nuestras vidas.*

Bueno... ¿Es Bueno o Es Malo?

P: ¿Por qué está mal hacer lo malo?

3

R: Está mal hacer lo malo porque Dios nos creó para hacer lo bueno. Piensa en tu bicicleta. Fue fabricada para andar, para ayudarte a ir de un lado a otro con mayor rapidez y facilidad que caminando. Si tratas de usar tu bicicleta para cortar el césped o para cruzar un lago, no daría resultado... y además se te arruinaría la bicicleta. Tu bicicleta no fue hecha para eso. De la misma manera, Dios nos "hizo" para hacer lo bueno y correcto, para hacer lo bueno porque él es bueno. Dios sabe todo; él sabe lo que da resultado y lo que no, y él sabe lo que nos hará felices y lo que nos hará daño. ¡Dios nos ama! Si confiamos en él, haremos las cosas a su manera.

Versículo clave: *Porque somos hechura de Dios, creados en Cristo Jesús para hacer las buenas obras que Dios preparó de antemano para que anduviésemos en ellas (Efesios 2:10).*

Versículos relacionados: *Romanos 3:23; Efesios 1:5, 6*

Preguntas relacionadas: *¿Por qué está mal hacer cosas malas? ¿Por qué puedo hacer ciertas cosas y otras no? ¿Por qué es malo hacer ciertas cosas y otras no? ¿Por qué tengo que ser bueno?*

Nota a los padres: *Quizá sea de ayuda reservar las palabras mal y malo sólo para cuestiones de moralidad. Por ejemplo, evite decir que está mal usar una blusa rayada con una falda con puntitos. Aunque algunas costumbres fuera de lo común o el gusto en elegir ropa pueden generar críticas, no están mal en el sentido de ser moralmente malo. Hay una clara distinción entre hacer lo malo y tener mal gusto.*

Bueno... ¿Es Bueno o Es Malo?

P: ¿Cómo decidió Dios lo que es bueno y lo que es malo?

Refleja a Dios
en todo lo que hagas
$5.00

Espejos

4

R: Dios no tuvo una reunión con los ángeles anunciándoles que ciertas acciones eran buenas y otras acciones eran malas. Dios es perfecto y bueno. La naturaleza de Dios es buena, y todo lo que él hace es bueno. Cualquier cosa que es contraria a la naturaleza de Dios es mala. Los mandamientos de Dios en la Biblia nos muestran cómo es Dios. Recuerda también que Dios nos dice lo que es bueno y lo que es malo porque nos ama. Sus reglas nos protegen y nos guían. Es como cuando le decimos a un pequeño que no toque el fuego. Queremos impedir que se dañe quemándose. Pusimos esa regla porque amamos al niñito. Por esa misma razón Dios nos dice qué hacer. El quiere cuidarnos y ayudarnos a vivir felices.

Versículo clave: *Sed, pues, vosotros perfectos, como vuestro Padre que está en los cielos es perfecto (Mateo 5:48).*

Versículos relacionados: *Salmo 118:29; Jeremías 33:11; Miqueas 6:8; Nahúm 1:7; Juan 14:6; 1 Pedro 15, 16*

Preguntas relacionadas: *¿Cómo sé si una persona es buena o mala? ¿Por qué son el bien y el mal tan diferentes?*

Nota a los padres: *Muchas veces podemos explicar la utilidad de las reglas de Dios comparándolas con las reglas que los adultos obligan cumplir a los niños. Por ejemplo, porque los amamos y queremos protegerlos no dejamos a los bebés jugar en el inodoro, ni romper cosas o salir a jugar en la calle. Es muy importante que aunque los bebés no entienden estas reglas, tienen que obedecerlas. Aun un niñito de cuatro o cinco años puede entender que, de la misma manera, todas las reglas de Dios nacen de su amor y cuidado por nosotros —aunque no siempre entendemos cómo.*

Bueno... ¿Es Bueno o Es Malo?

P: ¿Son todas las cosas siempre buenas o malas, correctas o incorrectas?

Libros de Leyes

de Leyes

Libros de Leyes

Libros de Leyes

Libros de Leyes

Alberto

R: No todas las decisiones que tomamos son o buenas o malas. A veces nos decidimos por ciertas cosas porque simplemente nos gustan más que otras, como los gustos de un helado. Si a ti te gusta la vainilla, no es bueno ni malo —es sencillamente algo que te gusta. O puede ser que tienes dos juguetes con que jugar y eliges uno en lugar del otro. Estaría bien jugar con cualquiera de los dos, pero eliges uno. Otras veces, tenemos que elegir entre lo que es *bueno*, lo que es *mejor* y lo que es *mejor de todo*. Ninguna de estas opciones son malas o incorrectas, pero lo sabio es elegir lo que es mejor de todo. En casos así, los padres y otras personas entendidas nos pueden dar buenos consejos. Algunas veces las decisiones son entre que es bueno o es malo, pero no todas las decisiones son así.

Versículos clave: *Todo me es lícito, pero no todo conviene. Todo me es lícito, pero no todo edifica. Nadie busque su propio bien, sino el bien del otro (1 Corintios 10:23, 24).*

Versículos relacionados: *Gálatas 5:1, 13-26; Santiago 1:5*

Nota a los padres: *Lo repetimos, tenga cuidado en cómo usa la palabra mal o malo. Algo que es malo moralmente, como robar, no es un mal absoluto en una cuestión de urbanidad, como qué decirle a una anfitriona acerca de la comida. El bien o el mal absoluto es aquello que es bueno o malo para todas las personas, en todos los tiempos, en todas partes.*

P: Nuestro país es libre. Entonces, ¿por qué tenemos que pagar peajes?

El letrero dice: **PEAJE Para Pasar 25¢**

R: Vivir en un "país libre" significa que las leyes nacionales garantizan nuestro derecho de decir y hacer ciertas cosas. Pero no significa que vivir en nuestro país no cueste nada. Por ejemplo, tenemos libertad de hablar, libertad de prensa y libertad religiosa. Eso significa que mayormente podemos decir, publicar y adorar lo que queremos. Pero no tenemos libertad absoluta, porque nuestro país necesita leyes y reglas para que todo funcione bien. Es decir, la libertad que sí tenemos da resultado porque tiene sus límites. Los gobiernos necesitan dinero para pagar a los líderes, policías, bomberos, maestros y otros trabajadores, y para construir y reparar cosas como puentes y caminos. Los ciudadanos proveen este dinero pagando impuestos y peajes. Aunque las leyes de un país no son iguales a las leyes de Dios, Dios nos dice que debemos respetar al gobierno y obedecer sus leyes. Así que pagar peajes o impuestos, usar cinturones de seguridad, detenernos en los semáforos cuando la luz está roja y observar los límites de velocidad son parte de las responsabilidades de todo ciudadano.

Versículo clave: *Estad sujetos a toda institución humana por causa del Señor; ya sea al rey como quien ejerce soberanía (1 Pedro 2:13).*

Versículos relacionados: *Romanos 13:1-3; Colosenses 2:10; 1 Timoteo 2:1, 2; 1 Pedro 2:13-17*

Preguntas relacionadas: *¿Por qué tengo que usar el cinturón de seguridad? ¿Por qué algunos chicos andan en sus bicicletas cuando hay mucho tráfico?*

Nota a los padres: *Puede explicar a su hijo que Dios quiere que obedezcamos las leyes del gobierno porque él así lo ha establecido. Pero aclare que además las reglas que establece el gobierno tienen el propósito de brindarnos seguridad.*

Bueno... ¿Es Bueno o Es Malo?

P:

Si la ley dice que algo está bien y Dios dice que está mal, ¿quién tiene la razón?

7

R: La Biblia nos dice que obedezcamos las leyes de nuestro país. Pero cuando una ley del gobierno está en contra de lo que Dios quiere que hagamos, debemos obedecer a Dios y no al gobierno. Dios es la autoridad suprema sobre el gobierno, no el gobierno sobre Dios. Por ejemplo, si el gobierno adopta una ley que dice que orar es ilegal, de todas maneras, es mejor quebrantar la ley y orar. Lo mismo sería en cuanto a adorar a Dios, leer la Biblia y contarles a otros acerca de Cristo. Si el gobierno afirmara que está bien mentir y robar, aun así no deberíamos hacerlo porque es en contra de la ley de Dios. Dios creó y gobierna el universo. Nadie puede tener más autoridad que él. Por eso, tenemos siempre que obedecer a Dios primero.

Versículo clave: *Pero respondiendo Pedro y los apóstoles, dijeron: —Es necesario obedecer a Dios antes que a los hombres (Hechos 5:29).*

Versículos relacionados: *Daniel 3:5-23; 6:1-28; Romanos 13:1-3; 1 Pedro 2:13-17*

Preguntas relacionadas: *¿Por qué los gobiernos ponen tantas reglas que casi no se pueden cumplir? ¿Por qué los adultos pueden decir malas palabras y fumar y yo no?*

Nota a los padres: *Esta puede ser una buena oportunidad para explicarle a su hijo que Dios es la autoridad definitiva y absoluta en cuanto a lo que es bueno. Sus normas son correctas para todas las personas, en todos los tiempos, en todas partes —ya sea que coincidan o no con las del gobierno.*

P: ¿Qué quiere decir moralidad?

8

R: La moralidad es un conjunto de normas para la vida de lo que es bueno y lo que es malo. La moralidad se expresa en reglas que se deben seguir para hacer una cosa y no otra. Las personas viven según muchas y diferentes normas morales —según lo que ellas creen determinar qué es lo mejor, lo justo o lo correcto. Pero sólo lo que Dios dice y las normas que él establece son correctas para todas las personas en todas partes y todo el tiempo. Dios tiene únicamente una escala de moralidad que quiere que todos sigan. La persona que vive según la moralidad de Dios no roba, porque esa es la norma de Dios, y no simplemente porque no le gusta robar o porque está prohibido.

Versículo clave: *¿No sabéis que los injustos no heredarán el reino de Dios? No os engañéis, que ni los fornicarios, ni los idólatras, ni los homosexuales... heredarán el reino de Dios (1 Corintios 6:9).*

Preguntas relacionadas: *¿Qué significa "ética"? ¿Etica es como comida étnica?*

Nota a los padres: *Puede ser difícil explicar la diferencia entre una persona amable y una persona moral. A la persona amable le importa lo que otros piensan y no quiere herir a nadie. A la persona moral le importa lo que Dios piensa y quiere seguir las reglas de Dios para pensar, decir y hacer lo que es correcto y bueno siempre.*

P: ¿Cómo puedo reconocer la diferencia entre lo que es bueno y lo que es malo?

103 Preguntas que los Niños Hacen acerca de lo que Es Bueno o Es Malo

9

R: Cualquier cosa que es contraria a como es Dios, es mala. Podemos descubrir cómo es Dios leyendo su Palabra, la Biblia. La Biblia nos dice lo que Dios quiere que hagamos. Para reconocer la diferencia entre lo bueno y lo malo podemos preguntar: ¿Desobedece esto una ley que Dios nos ha dado? (Por ejemplo: "no robar", "no mentir", "ama a tu prójimo", "honra a tu padre y a tu madre".) Cualquier cosa que quebrante una de las leyes de Dios es mala e incorrecta. Si nos vemos frente a una decisión sobre la cual Dios no nos ha dado una ley (o si no sabemos dónde encontrarla en la Biblia), podemos preguntarnos: ¿Hacer esto va contra mi conciencia? ¿Perjudicará a alguien? Si la respuesta a cualquiera de las dos preguntas es "sí", entonces lo más probable es que no debemos hacerlo. Otra pregunta es: ¿Por qué estoy haciendo esto? Si es únicamente por la presión de los amigos o por miedo, es posible que no sea correcto. Es entonces cuando tenemos que considerar cuidadosamente la decisión que queremos tomar. Tenemos que pensar en lo que sabemos que Dios es, orar pidiendo sabiduría y tomar la mejor decisión que podamos.

Versículo clave: *El hombre bueno, del buen tesoro de su corazón, presenta lo bueno, y el hombre malo, del mal tesoro de su corazón, presenta lo malo. Porque de la abundancia del corazón habla la boca (Lucas 6:45).*

Nota a los padres: *Porque la mayoría de nuestros actos morales nacen de nuestras tendencias y hábitos, necesitamos cultivar el carácter de nuestros hijos y no meramente darles reglas de comportamiento. Debemos enseñarles los principios que son la base de los preceptos hasta guiarlos a quien los personifica: Dios mismo. Es así como nuestros hijos aprenderán a diferenciar entre lo bueno y lo malo.*

Bueno... ¿Es Bueno o Es Malo?

DIOS, LA BIBLIA, Y LA CONCIENCIA

P: ¿Cuáles son las reglas de Dios respecto a lo bueno y lo malo?

10

R: Dios nos ha dado su Palabra, la Biblia, que nos da a conocer cómo es él y cómo quiere que nosotros vivamos. Por eso, tenemos que hacer todo lo posible por obedecer lo que Dios nos dice en su Palabra. Jesús dijo que la regla (llamada mandamiento) más importante es: "Amarás al Señor tu Dios con todo tu corazón y con toda tu alma y con toda tu mente. Este es el grande y el primer mandamiento. Y el segundo es semejante a él: Amarás a tu prójimo como a ti mismo" (Mateo 22:37-39). Debemos amar a Dios primero y luego a los demás. Si así lo hacemos, estaremos haciendo lo que es bueno. Además, Dios quiere que desarrollemos un anhelo por lo mejor, no por lo secundario. Algunas actividades pueden no ser malas pero no son lo mejor para nosotros. Debemos hacer lo que es mejor y no conformarnos con menos. Tomar decisiones morales correctas no es simplemente decirle que no a cosas malas sino decirle que sí a lo que es bueno y servicial.

Versículos clave: *Jesús dijo: "—Amarás al Señor tu Dios con todo tu corazón y con toda tu alma y con toda tu mente. Este es el grande y el primer mandamiento. Y el segundo es semejante a él: Amarás a tu prójimo como a ti mismo" (Mateo 22:37-39).*

Versículos relacionados: *Exodo 20:1-17; Deuteronomio 5:6-22*

Nota a los padres: *El niño puede creer que ser bueno significa evitar lo malo. Ayude a su hijo a ver que ser bueno significa tomar la decisión positiva de agradar a Dios en todo lo que hacemos. Y queremos tomarla porque sabemos que Dios quiere lo mejor de nosotros.*

P: Cuando hago una pregunta, ¿por qué siempre me contestas con lo que dice la Biblia?

11

R: La Biblia es la Palabra de Dios. Cuando la leemos, aprendemos cómo es Dios y cómo quiere que vivamos en este mundo. Piensa en la Biblia como un manual de instrucciones, como el que viene con alguno de tus juguetes. Si hacemos lo que el manual dice, el juguete funcionará bien. Si algo falla, podemos leer el manual y averiguar cómo arreglarlo. La Biblia es el libro de instrucciones de Dios para nuestras vidas. Tenemos que leerla y estudiarla para andar bien y para que Dios pueda arreglar lo que ande mal en nosotros. No basta con leer la Biblia; también debemos hacer lo que dice.

Versículo clave: *Toda la Escritura es inspirada por Dios y es útil para la enseñanza, para la reprensión, para la corrección, para la instrucción en justicia (2 Timoteo 3:16).*

Versículo relacionado: *Salmo 119:105*

Pregunta relacionada: *¿Por qué tenemos que leer tanto la Biblia?*

Nota a los padres: *Una de las maneras más poderosas de ayudar a su hijo a aprender del bien y del mal es leer juntos un versículo bíblico que enfoca un tema moral específico (como honestidad o mentir) y luego hablar de cómo esto puede afectar su vida y/o la vida familiar. Por ejemplo, pueden leer Efesios 4:25 y luego recordar la última vez cuando su hijo dijo la verdad bajo una circunstancia en que era difícil hacerlo. Quizá usted le preguntó: "¿Qué estás haciendo?" y él le contestó honestamente, a pesar de tener miedo de ser castigado. Esto reforzará el principio moral tanto como su importancia.*

Dios, la Biblia, y la Conciencia

P: ¿Es pecado si uno no está seguro de que algo es malo y lo sigue haciendo?

HELADOS SINPECADO

12

R: No siempre es un pecado hacer algo que no sabemos si es bueno o malo. No podemos saberlo todo, y no tenemos que asumir que todo lo que no sabemos es malo. Por otra parte, si tienes dudas y crees que quizá algo sea malo, será mejor que te asegures de que es bueno antes de hacerlo. No lo hagas todavía; lee la Biblia y pregúntale a mamá o papá. Recuerda, debes elegir lo mejor, no solamente evitar lo que es malo.

Versículo clave: *Pero el que duda al respecto, es condenado si come, porque no lo hace con fe. Pues todo lo que no proviene de fe es pecado (Romanos 14:23).*

Versículo relacionado: *1 Corintios 4:4*

Pregunta relacionada: *Si estás haciendo algo malo y tus padres te dijeron que podías hacerlo, ¿eso es bueno o es malo?*

Nota a los padres: *Esto toca el problema de la presión que ejercen los amigos. Los niños no siempre saben lo que es bueno o es malo. Realmente no lo saben. Cuando sus hijos les informen que evitaron hacer algo de lo cual no estaban muy seguros, felicítelos. Esa puede ser también una buena oportunidad para explicarles las 4 "C": Considerar las opciones, Comparar nuestras actitudes y acciones con Dios, Comprometerse con el camino de Dios y contar con la protección y provisión de Dios.*

P: ¿Qué es la conciencia?

13

R: Dios puso en nosotros una manera de ayudarnos a diferenciar lo bueno de lo malo. Nosotros llamamos a esta voz interior, nuestra conciencia y tenemos que aprender a escuchar lo que nos dice. Es un sentimiento interior sobre algo que estamos pensando hacer. Si lo que estamos pensando hacer no es correcto, entonces nuestra conciencia nos hace sentir mal acerca de ello y nos da la percepción de que no debemos hacerlo. Nuestra conciencia también nos dice cuándo debemos hacer algo. Cuando esto sucede, sentimos muy claramente que debemos hacer lo que estamos pensando. Dios nos dio la conciencia para ayudarnos a decidir qué hacer. Así que es importante escuchar a nuestra conciencia. Si no prestamos atención a nuestra conciencia, muy pronto caemos en la costumbre de ignorarla. Después, no la escuchamos para nada y eso nos puede crear problemas. Escucha atentamente a tu conciencia.

Versículo clave: *Y por esto yo me esfuerzo siempre por tener una conciencia sin remordimiento delante de Dios y los hombres (Hechos 24:16).*

Versículos relacionados: *1 Pedro 3:16; Romanos 2:15; 1 Corintios 4:4*

Pregunta relacionada: *Cuando ya sé lo que es bueno, ¿tengo que hacerlo?*

Nota a los padres: *Tenga cuidado de no asociar la conciencia únicamente con el sentido de culpa. Las mejores decisiones en favor de lo que es correcto y bueno surgen de una convicción firme y del deseo de hacer lo bueno, no del deseo de silenciar un remordimiento de conciencia. Al dialogar con los niños sobre la conciencia, enfatice el papel positivo que puede tener. Cuanto más leemos y estudiamos la Palabra de Dios, más nos puede ayudar nuestra conciencia a decidir hacer lo bueno.*

P:

¿Tengo que dejar entrar a los niños pequeños en mi habitación para jugar siendo que tengo allí todas mis cosas especiales?

14

R: Dios, que es cariñoso y bondadoso, quiere que nosotros también seamos cariñosos y bondadosos. No avaros ni egoístas. Si tus amigos, hermanos o hermanas o algún niño pequeño quiere jugar con tus juguetes, debes permitírselo si eso no es peligroso y si tus padres dicen que está bien. A veces nos portamos como si nuestros juguetes, ropa y otras "cosas especiales" fueran más importantes que nuestros amigos y familiares. Pero es bueno turnarnos y dejar que otros disfruten de nuestras "cosas especiales". Cuando lo hacemos, los demás podrán ver que somos diferentes de los que no aman a Jesús. Por otro lado, Dios también quiere que seamos responsables. Aun cuando Dios es cariñoso y bondadoso, no nos dará algo que pueda hacernos daño. Por eso, no tienes que dejar que los niños más pequeños hagan lo que quieran con tus cosas, especialmente con esas "cosas especiales" que son frágiles o demasiado difíciles para que las manejen correctamente. Todos deben cuidar bien sus cosas, y todos deben respetar las de todos los demás. Cuando puedas, permite que otros niños jueguen un rato con tus cosas y, cuando no puedas, sé amable y asegúrate de tener una buena razón para que no lo hagan.

Versículo clave: *El amor tiene paciencia y es bondadoso. El amor no es celoso. El amor no es ostentoso, ni se hace arrogante (1 Corintios 13:4).*

Versículos relacionados: *Gálatas 5:22; Santiago 4:17*

Pregunta relacionada: *¿Es correcto hacer valer mis derechos?*

Nota para los padres: *Para clarificar el concepto de compartir, pude explicar que tomar turnos para jugar con cierto juguete es una manera de compartir.*

P: ¿Cómo puedo estar todavía más cerca de Dios de lo que estoy ahora?

¡Camina más cerca de Dios!
Zancos: $10.00

15

R: Piensa en Dios como alguien que quiere ser tu amigo íntimo. Para que así sea, tendrás que pasar muchos ratos junto a él. Puedes pasar un buen momento con Dios leyendo su Palabra, la Biblia. Puedes pedirle a tus padres que te ayuden a saber dónde y cómo leerla. Además, puedes hablar con Dios acerca de tu vida (esto se llama oración). Cuando ores, cuéntale a Dios todas las cosas que tú deseas. Dale gracias porque te ama. Dile a Dios que estás arrepentido de haberle desobedecido y pídele que te ayude a acercarte más a él y hacer lo que él quiere. También puedes contarle los problemas de otras personas y pedirle que las ayude. Además, puedes estar más cerca de Dios por medio de la adoración. Es por eso que las iglesias tienen cultos. Allí, con otros cristianos, puedes cantar alabanzas a Dios, hablarle, pensar en él, aprender de su Palabra, darte cuenta de cuánto te ama y recordar lo que Jesús hizo por ti. Ten en cuenta que Dios se acerca más a ti si tú te acercas más a él. Cuéntale que quieres conocerle mejor. Pídele que te acerque más a él. No puedes acercarte más a Dios por el mero hecho de hacer algunas cosas "cristianas". ¡Pero puedes acercarte más a él por medio de relacionarte con él y pedirle que te ayude a conocerle mejor!

Versículo clave: *Acercaos a Dios, y él se acercará a vosotros. Limpiad vuestras manos, pecadores; y purificad vuestros corazones, vosotros de doble ánimo (Santiago 4:8).*

Versículos relacionados: *Colosenses 1:9-14; 1 Tesalonicenses 5:17; 2 Timoteo 3:16, 17.*

Dios, la Biblia, y la Conciencia

P:

Si mentir es pecado, ¿por qué mintieron algunos personajes de la Biblia?

16

R: Es verdad que la Biblia tiene historias de personas que dijeron mentiras, pero la gran mayoría de los personajes bíblicos decían la verdad. Dios nunca dice en la Biblia que es correcto mentir. Algunas personas en la Biblia eligieron mentir, pero Dios no dijo que estaban haciendo algo bueno. Dios es verdad, y quiere que digamos la verdad. La honestidad es muy importante para las familias, vecindarios, ciudades, escuelas, compañías y amistades. Ser honestos y no decir mentiras, nos protege del peligro de pecar y nos ayuda a ser más felices. Sé tú alguien que siempre dice la verdad, porque así es Dios.

Versículo clave: *Por lo tanto, habiendo dejado la mentira, hablad la verdad cada uno con su prójimo, porque somos miembros los unos de los otros (Efesios 4:25).*

Versículos relacionados: *Proverbios 6:16, 17; 26:18, 19; Juan 8:44; 14:6*

Preguntas relacionadas: *¿Es correcto quebrantar alguna vez una promesa o decir una mentira? ¿Qué de Jacob en la Biblia? ¿Por qué la gente en la Biblia mataba a otra gente? ¿Está bien mentir si Dios te dice que lo hagas?*

Nota a los padres: *Una de las razones por las cuales tenemos en la Biblia relatos de personajes buenos y malos es para poder aprender de ellos. Algunas de sus decisiones son un buen ejemplo y otras, malos ejemplos. No debemos seguir todos los ejemplos de la Biblia. El hecho de que Sansón mintió no quiere decir que nosotros debamos hacerlo. Cuando lean en la Biblia relatos de personas así, pregunten: "¿Qué hizo de bueno esta persona?" y "¿Qué hizo de malo esta persona?"*

Dios, la Biblia, y la Conciencia

LA VERDAD
O LAS
CONSECUENCIAS

P: ¿Por qué Dios tiene reglas?

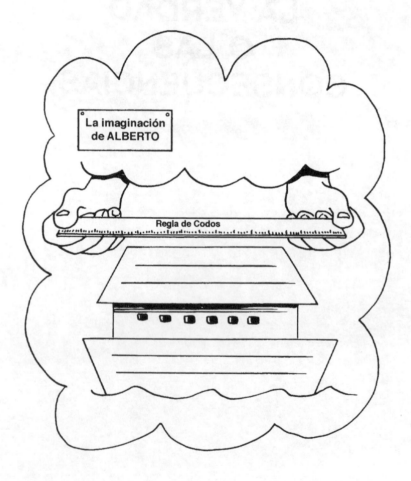

La imaginación de ALBERTO

Regla de Codos

17

R: Dios tiene reglas para protegernos y ayudarnos. En cierta forma, las reglas de Dios son como una pared que nos protege del peligro. La pared nos impide ir más allá de donde debemos y nos evita meternos en líos. Aunque no siempre sabemos qué hay del otro lado de la pared, Dios sí lo sabe, y nos ama tanto que quiere mantenernos apartados del peligro.

Las reglas de Dios también nos ayudan a crecer y llegar a ser todo lo que Dios quiere que seamos. Piensa en la comida de un bebé. Puede ser que a él no le guste el aspecto que tiene, el gusto o la consistencia. Pero sabemos que necesita comer ese alimento sano y saludable para crecer. Como el bebé, nosotros no sabemos todo lo que necesitamos, pero Dios sí lo sabe. Por eso nos dice lo que debemos hacer. Dios nos ama más que nadie, y él sabe qué es lo mejor para nosotros. Sus reglas son para nuestro beneficio. Por eso tenemos que confiar en él y obedecerlas.

Versículos clave: *Pero antes que viniese la fe, estábamos custodiados bajo la ley, reservados para la fe que había de ser revelada. De manera que la ley ha sido nuestro tutor para llevarnos a Cristo, para que seamos justificados por la fe (Gálatas 3:23, 24).*

Versículos relacionados: *Deuteronomio 5:31-33; 7:8; Salmo 19:7-11; 119:9, 33-40; Romanos 2:20; 7:12; Hebreos 12:9-11*

Pregunta relacionada: *¿Por qué hay tantas reglas en la Biblia?*

P: ¿Quiere Dios que nos divirtamos?

R: Si alguien piensa o dice que Dios no quiere que nos divirtamos, no saben la verdad respecto a Dios. El sí quiere que seamos felices. Jesús era feliz y le dijo a la gente que encontrarían gozo si le seguían. También, Dios nos dice en la Biblia que el cielo es un lugar donde siempre hay gozo. Hacer lo malo (pecar) puede a veces ser divertido, pero es una diversión que no dura y lleva a malas consecuencias. Es como comer algo que tiene un buen sabor pero que después nos hace mal al estómago. Dios nos conoce mejor que nadie. ¡La alegría, el gozo y la felicidad que vienen de Dios es lo mejor porque duran para siempre!

Nadie es más feliz que los que conocen a Dios. No tienes que hacer cosas malas para divertirte, eso es pecado. Obedece a Dios y serás siempre feliz.

Versículo clave: *Estas cosas os he hablado para que mi gozo esté en vosotros y vuestro gozo sea completo (Juan 15:11).*

Versículos relacionados: *Salmo 5:11; 19:8; Lucas 10:21; Juan 3:29; 17:3; Romanos 14:17; Gálatas 5:22; Filipenses 1:25; Hebreos 11:24, 25; Judas 1:24*

Nota a los padres: *Tengan cuidado de no sugerir a los niños que las personas que pecan no se están divirtiendo. ¡Los niños saben que no es así, ya sea como resultado de su propia observación o experiencia! Enfaticen el hecho de que el camino de Dios es el mejor camino para nosotros, aunque otro camino parezca mejor. También, hagan la distinción entre un placer inmediato y una vida gozosa y sana.*

P: ¿Se entristece Dios cuando hago algo malo?

R: Dios se entristece mucho cuando hacemos cosas malas. Tanto que se siente más afectado y triste que nadie por los pecados del mundo. Dios se entristece porque vé cuánto el pecado nos perjudica a nosotros y a los demás. Pero Dios sabe que estamos creciendo y que a veces cometemos errores, por eso nos sigue alentando. Nos ama tanto que no nos abandona. Dios quiere y puede ayudarnos a hacer lo que es bueno.

Versículo clave: *Y no entristezcáis al Espíritu Santo de Dios en quien fuisteis sellados para el día de la redención (Efesios 4:30).*

Versículos relacionados: *2 Samuel 24:16; Mateo 23:37*

Preguntas relacionadas: *¿Qué quiere decir entristecer al Espíritu Santo? ¿Qué pasaría si yo no creyera en la Biblia? ¿Me ama realmente Jesús?*

Nota a los padres: *Algunos padres se valen de esta verdad para conseguir que sus hijos se porten bien, pero muchos niños, especialmente los más pequeños, ya se sienten culpables por las cosas que hacen mal y son muy sensibles a la idea de que han herido a Dios. Díganles que ¡Dios les ama, que les está ayudando a ser buenos y que se agrada mucho cuando hacen lo correcto! Ayúdeles a comprender que Dios se agrada de ellos cuando le piden perdón por el mal que han hecho.*

P: ¿Cómo se consigue permiso para ir al cielo?

20

R: Hay una sola manera de llegar al cielo, y ésta es por medio de Jesucristo. Sólo los que confían en Jesús van al cielo. Podemos depositar nuestra confianza en Jesús orando a Dios y diciéndole que

1. nos arrepentimos de nuestros pecados —de haberle desobedecido viviendo sólo para nosotros mismos;
2. creemos que Jesús, su único Hijo, vino al mundo y murió en la cruz, en nuestro lugar, para cargar con el castigo de nuestro pecado, y que se levantó nuevamente de los muertos y
3. queremos que su Espíritu Santo viva dentro nuestro y nos guíe.

La Biblia dice que quien hace esto de todo corazón se convierte en una nueva persona, en un hijo de Dios. Y todos los hijos de Dios irán a vivir con él en el cielo cuando mueran.

Versículo clave: *Porque de tal manera amó Dios al mundo, que ha dado a su Hijo unigénito, para que todo aquel que en él cree no se pierda, mas tenga vida eterna (Juan 3:16).*

Versículos relacionados: *Mateo 7:21; Juan 1:11-13; 14:6; Romanos 10:9, 10*

Preguntas relacionadas: *¿Soy una mala persona si no invito a Jesús a entrar en mi corazón? ¿Cómo elige Dios quién va al cielo?*

Nota a los padres: *Guíar a su hijo o hija a Cristo puede ser más fácil al dialogar sobre el bien y el mal. Esté preparado para saber qué decir cuando un niño le hace una o todas esas preguntas.*

P:

El que es cristiano y dice malas palabras, ¿irá al cielo?

21

R: Si hemos entregado nuestra vida a Cristo, iremos al cielo, aunque algunas veces hagamos algo malo (como decir malas palabras). Por otro lado, ya que nuestra relación con Dios afecta la manera como vivimos, los que nos rodean deben ver una diferencia en nuestras vidas. Sí, podemos hacer cosas malas y aún así ir al cielo pero, ¿por qué querríamos hacerlas? Dios sólo quiere lo mejor para nosotros y pecar nos perjudica.

El cielo es un lugar donde todos hacen lo bueno todo el tiempo. Así es porque el cielo es perfecto y allí está Dios. Los que aman a Dios quieren hacer lo bueno. Si amamos a Dios, queremos agradarle, y confiamos que él sabe qué es lo mejor para nosotros.

Versículo clave: *Pero ahora, dejad también vosotros todas estas cosas: ira, enojo, malicia, blasfemia y palabras groseras de vuestra boca (Colosenses 3:8).*

Versículos relacionados: *Proverbios 4:24; Romanos 8:38, 39; 1 Pedro 1:15, 16*

Preguntas relacionadas: *Si le pido a Jesús que venga a mi corazón y después hago cosas malas, ¿me iré al infierno? El que miente y muere antes de pedir perdón, ¿irá al cielo? Si el que bebe y maneja un auto, choca y muere, ¿se va al cielo? El que peca muchas veces en un día, ¿irá al cielo?*

Nota a los padres: *Estas preguntas por lo general no surgen de lo que los niños oyen de sus compañeros sino de los adultos. Si usted escucha a su hijo decir malas palabras y groserías, aproveche la oportunidad para explicarle que eso es malo y por qué lo es. También tenga en cuenta que su ejemplo tiene mucha influencia. Si usted dice malas palabras, sus hijos también las dirán.*

P: ¿Por qué me siento mal cuando hago algo que es malo?

22

R: Cuando hacemos algo malo, nos sentimos mal porque le hicimos mal a alguien. También puede ser que nos sintamos tristes porque no hicimos lo que era bueno. Otras veces nos sentimos culpables porque no hemos agradado a Dios. Porque Dios quiere que hagamos lo bueno, él puso en nosotros un sistema de alarma para advertirnos cuando estamos por hacer algo malo. El sistema de alarma se llama conciencia. Si nos acercamos demasiado al fuego, el calor nos advierte que debemos retirarnos antes de que nos queme. Nuestra conciencia nos advierte que hacer cosas malas nos dañará.

Versículos clave: *Porque si bien os causé tristeza con la carta, no me pesa, aunque entonces sí me pesó; porque veo que aquella carta os causó tristeza sólo por un tiempo. Ahora me gozo, no porque hayáis sentido tristeza, sino porque fuisteis entristecidos hasta el arrepentimiento; pues habéis sido entristecidos según Dios, para que ningún daño sufrierais de nuestra parte. Porque la tristeza que es según Dios genera arrepentimiento para salvación, de que no hay que lamentarse; pero la tristeza del mundo degenera en muerte (2 Corintios 7:8-10).*

Versículos relacionados: *Hechos 24:16; Romanos 2:15; 1 Corintios 4:4; 1 Pedro 3:16*

Preguntas relacionadas: *¿Por qué me siento culpable? ¿Qué es culpa?*

Nota a los padres: *Hay una diferencia entre sentimientos de culpa y un verdadero sentido del mal. Algunos niños son hipersensibles y se sienten culpables de casi todo lo que hacen. Si esto pasa con su hijo, ayúdele a comprender la profundidad del amor y el perdón de Dios.*

P: ¿Qué quiere Dios que haga cuando hago algo malo?

23

R: Lo primero que tenemos que hacer es orar y contarle a Dios lo que hemos hecho. Tenemos que decirle que estamos arrepentidos y que queremos que él nos ayude a no volver a hacerlo. También, debemos pedirle a Dios que nos ayude a aprender de esa experiencia. Admitir nuestros pecados nos acerca nuevamente a Dios. Recuerda, él quiere cuidarnos y darnos todo lo que necesitamos en la vida. Así que nos conviene estar cerca de él y contarle lo que hemos hecho. Cuando pienses hacer algo malo, ora a Dios. El puede ayudarte a que no hagas cosas malas y evitarte problemas.

Si nuestro pecado ha sido hacerle mal a otros, debemos hablar con esas personas, decirles que lo sentimos y pedirles perdón.

Versículo clave: *Si confesamos nuestros pecados, él es fiel y justo para perdonar nuestros pecados y limpiarnos de toda maldad (1 Juan 1:9).*

Versículos relacionados: *Mateo 5:23, 24*

Preguntas relacionadas: *¿Es malo no confesar algo que hice mal? ¿Tengo que hacer todo bien?*

Nota a los padres: *Si su hijo le confiesa algo, considérelo como una oportunidad para enseñar —ayude al niño a ver qué puede aprender de lo sucedido. Sea gentil, cariñoso y perdonador; de otra manera quizá el niño no quiera acercarse a usted otra vez cuando haga algo que no debía. Muchas veces los niños están llenos de sentido de culpa. De ser así, considere qué acciones le pueden ayudar a liberarse de esa culpa, como ser: que escriba esos pecados en una hoja de papel y los confiese a Dios. Luego, rompan y boten el papel representando así lo que hace Dios con esos pecados.*

La Verdad o las Consecuencias

DIGAMOS
SIEMPRE
LA VERDAD

P: ¿Está bien decir una mentira de vez en cuando?

Se necesitan
cristianos de tiempo
completo

NO hay vacantes
para tiempo parcial

24

R: Debemos decir siempre la verdad porque Dios siempre dice la verdad. ¿Estaría bien tocar de vez en cuando una plancha caliente? Si lo hicieras, te quemarías todas las veces. Entonces nunca es correcto mentir, ni siquiera de vez en cuando. Dios nos dice que digamos la verdad porque él es verdad.

La mentira siempre nos mete en problemas. Por lo general una mentira lleva a otra. Por eso es mucho más sencillo decir la verdad que tratar de recordar las mentiras que hemos dicho para poder seguir tapándolas. Además, la mentira hace difícil que otros confíen en nosotros. En cambio, el que es honesto es libre y feliz.

Versículo clave: *Por lo tanto, habiendo dejado la mentira, hablad la verdad cada uno con su prójimo, porque somos miembros los unos de los otros (Efesios 4:25).*

Versículos relacionados: *Exodo 20:16; 1 Corintios 13:6; 2 Corintios 4:2; Tito 1:2; Hebreos 6:18*

Preguntas relacionadas: *¿Existen las mentiras blancas? ¿Es malo decirle a mis padres que el culpable es mi hermano cuando realmente no lo es? ¿Por qué está mal mentir?*

Nota a los padres: *En esto, su ejemplo es muy importante. ¿Cómo representa usted la verdad? Como represente usted la verdad influirá más en su hijo que la respuesta que pueda darle a una pregunta sobre la mentira. Cuando descubra a su hijo en una mentira, investigue por qué mintió, hágale ver el error de ese razonamiento y muestre por qué la verdad da mejores resultados.*

Digamos Siempre la Verdad

P: ¿Se puede mentir cuando uno tiene vergüenza o miedo?

25

R: No. Mentir siempre es malo porque Dios es verdad y porque él nos ha dicho que no debemos mentir. A veces decir la verdad puede ser difícil, especialmente cuando podemos pasar vergüenza o nos pueden castigar por decirla. Pero tenemos que hacer lo que es correcto aun cuando no sea fácil. Obedecer y no mentir a Dios, siempre va a ser mucho mejor. En realidad, aunque la mentira es común, todos quieren que los demás sean veraces con ellos. Si dices la verdad cuando es difícil hacerlo, te ganarás el respeto de los demás. Llegarán a confiar en ti y te conocerán como una persona digna de confianza. Tus amigos te buscarán para que les aconsejes y les ofrezcas liderazgo. Acostúmbrate a decir siempre la verdad. Muy pocos serán los que dejen de ser tus amigos sólo porque dices la verdad. Tus amigos, compañeros, familiares y vecinos quieren poder confiar en lo que dices. La verdad te ayuda; las mentiras te meten en problemas aún peores.

Versículo clave: *[Jesús] no cometió pecado, ni fue hallado engaño en su boca (1 Pedro 2:22).*

Versículos relacionados: *Génesis 20:1-18; 26:1-11; Exodo 20:16; Marcos 14:53-65; Santiago 5:12; 1 Pedro 2:1*

Preguntas relacionadas: *¿Está bien si al estar jugando con el perro rompo una ventana con mi pelota y no se lo digo al dueño de la casa? ¿Está mal mentir para no meterme en problemas?*

Nota a los padres: *En la escuela, los niños a veces se ven en situaciones que los avergüenzan. Hay situaciones que los tientan a mentir para no pasar vergüenza o para quedar bien. En esas circunstancias, anímenlos a confiar en Dios y en su protección.*

Digamos Siempre la Verdad

P:

¿Está bien que papá y mamá mientan sobre los regalos que me darán para navidad?

Venid, mentirosos, mientan a los niños
acerca de los regalos
que tienen escondidos.
No digan la verdad,
en esta navidad,
///nada se habrá perdido///
será más divertido.

26

R: Dios quiere que seamos siempre veraces. Pero eso no quiere decir que tenemos que contestar cada pregunta que nos hacen, ni significa que tenemos que decir todo lo que sabemos. Si les preguntas a tus padres: "¿Qué me compraron para Navidad?" o "¿Me compraron una bicicleta para Navidad?" ellos pueden contestarte algo como: "No te lo vamos a decir porque queremos que sea una sorpresa", y esto no es mentir.

Ten cuidado de no usar excusas para justificar o defender tus mentiras. No mientas inventando luego una razón de por qué lo hiciste. Cuando se trata de dar regalos, hay maneras de sorprender a nuestros seres queridos y hacerles sentir especiales sin mentirles.

Versículo clave: *Pero sobre todo, hermanos míos, no juréis, ni por el cielo, ni por la tierra, ni por ningún otro juramento. Más bien, sea vuestro sí, sí; y vuestro no, no; para que no caigáis bajo condenación (Santiago 5:12).*

Versículos relacionados: *Exodo 20:16; Proverbios 22:11; Colosenses 4:6*

Pregunta relacionada: *¿Está bien mentir cuando uno lo hace para evitar herir a otra persona?*

Nota a los padres: *Los niños muchas veces no justifican las mentiras "socialmente aceptables" como lo hacen los adultos. ¡Y eso es bueno! Tenga como norma de su hogar decir siempre la verdad. Su compromiso de decir siempre la verdad dará como resultado el desarrollo de la honestidad en su hijo.*

Digamos Siempre la Verdad

P: Si rompo algo que no es mío y lo arreglo, ¿tengo que decir lo que hice?

27

R: ¿Cómo te sentirías tú si un amigo rompiera algo tuyo y no te lo dijera aunque lo arreglara? Es probable que no te gustaría, especialmente si después lo descubres. Tratar a otra persona de la manera como quieres que te traten a ti es lo que te enseña la Regla de Oro. Jesús enseñó que es así como debemos actuar siempre.

Decirle a otra persona lo que hiciste es hacer dos cosas buenas: decir la verdad y demostrar respeto por esa persona. Si rompes algo que no es tuyo, es importante arreglarlo o pagar para que sea arreglado. En cualquier caso tienes que decir lo que hiciste y no tratar de ocultarlo.

Cuando haces esto, las otras personas sabrán que eres responsable; y al confiar más en ti, te prestarán otras cosas. Pero si tratas de ocultarlo y luego te descubren, ya no confiarán en ti.

Versículo clave: *Así que, todo lo que queráis que los hombres hagan por vosotros, así también haced por ellos, porque esto es la Ley y los Profetas (Mateo 7:12).*

Versículos relacionados: *Exodo 20:16; 22:14*

Nota a los padres: *Muchos niños mienten por razones relacionadas con su propia indecisión e inseguridad. Mienten para presumir o por temor: temor de que los desprecien, temor al fracaso (mienten para aparecer que han triunfado), temor de no ser aceptados y temor de ser castigados. Ayude a su hijo a ver cómo Dios le puede proteger de esos temores cuando respeta a otros y las cosas que son de otros. Si recibe de su hijo una confesión voluntaria de una mala acción, acéptela con cariño, con tranquilidad. Esto le animará a decir siempre la verdad en lugar de tener miedo al castigo.*

Digamos Siempre la Verdad

P: ¿Todo el mundo miente?

28

R: Todas las personas pecan, y uno de los pecados más comunes es la mentira. Algunas personas mienten tanto que no saben la diferencia entre la verdad y las mentiras. Algunos están tan confundidos que creen que una mentira es la verdad. Pero no todo el mundo miente. Mentir es una opción.

A veces alguien dice algo que no es verdad porque no conoce todos los factores; eso no es lo mismo que mentir. Por ejemplo uno puede decir: "Jorgito está en el patio" cuando en realidad hace unos instante entró en su casa. Es bueno que verifiques los factores para asegurarte que lo que dices es lo correcto. Ten cuidado de no decir algo antes de estar seguro de que es verdad. Quienes quieren hacer las cosas siguiendo el camino de Dios toman la decisión de no mentir porque quieren obedecer a Dios. Jesús nunca mintió. Si mentimos, tenemos que pedirle a Dios que nos perdone, admitir nuestra mentira a quienes les mentimos y tratar de no volver a hacerlo.

Versículo clave: *Porque todos pecaron y no alcanzan la gloria de Dios (Romanos 3:23).*

Versículos relacionados: *Salmo 14:2, 3; Proverbios 18:17; 19:5, 9; Romanos 3:10-18; Efesios 4:19-25*

Pregunta relacionada: *¿Por qué miente la gente?*

Nota a los padres: *A los niños les confunde escuchar algo que después resulta ser falso y creen que se les ha mentido. En lugar de haber mentido, quizá la persona sencillamente pasó una información equivocada. Use esta realidad de la vida para advertir a su hijo del peligro de acusar a alguien de haber mentido. Anímenlos a tener cuidado con lo que dicen. Por ejemplo pueden decir: "No estoy seguro, pero me parece..."*

Digamos Siempre la Verdad

P: ¿Está mal decir que mis padres están en casa cuando no es cierto?

Mis padres están
amarrados...
perdón, ocupados
en este momento.
¿Quiere que lo llamen después?

29

R: Decirle a alguien que tus padres están en casa cuando no es así, es una mentira y Dios nos dice que no mintamos. Si decimos este tipo de mentira, nos encontraremos con que se nos hace más fácil mentir sobre otras cosas. Pero eso no significa que tienes que contestar todas las preguntas que un extraño te pueda hacer por teléfono. Si estás solo en casa, quizá no sea conveniente decir a la persona en el teléfono que tus papás no están en casa. En cambio, puedes decir algo como: "No pueden venir ahora al teléfono" o "No pueden atenderlo en este momento" o "Si me deja su mensaje, lo llamarán en cuanto puedan". Habla con tu mamá o tu papá sobre lo que puedes decir en cada circunstancia sin mentir.

Versículo clave: *El que habla verdad declara justicia, pero el testigo mentiroso hace engaño (Proverbios 12:17).*

Versículos relacionados: *Proverbios 14:15; Efesios 5:6-10*

Pregunta relacionada: *¿Está mal hacer bromas pesadas?*

Nota a los padres: *Decir la verdad no significa decir todo lo que uno sabe sobre algo. Decir todo lo que uno sabe puede ser más de lo que la otra persona puede entender, o puede ser simplemente inapropiado. Ayude a su hijo a entender que se puede guardar información sin mentir. Uno puede decir: "No te lo puedo contar" o "No te lo puedo explicar en este momento". El hecho de que usted no quiere que se diga algo, no quiere decir que tiene que decir algo falso. Ayude a su hijo a aprender la diferencia entre manejar sabiamente una información y mentir.*

P: ¿Se puede mentir sabiendo que más adelante uno lo arreglará diciendo la verdad?

30

R: Una de las excusas más comunes para mentir es: "Te iba a decir la verdad más adelante". Suena bien, pero por lo general es una mentira más. Esto muchas veces sucede cuando la gente no está hablando en serio. Inventan algo para hacer reír a los demás. Está bien bromear, pero no está bien mentir. Ten cuidado de no usar una excusa para justificar una mentira diciendo: "Te lo dije en broma" o "Después te iba a decir la verdad". Si lo haces, los que te rodean no sabrán cuándo estás diciendo la verdad y cuándo no, y quizá dejen de confiar en ti.

Una de las cosas importantes en la vida es nuestra relación con los demás, y una de las partes más importantes de una buena relación es poder confiar en el otro. Ninguna broma es más importante que esto.

Versículos clave: *Como el que enloquece y arroja dardos y flechas de muerte, así es el hombre que defrauda a su amigo y dice: "¿Acaso no estaba yo bromeando?" (Proverbios 26:18, 19).*

Versículo relacionado: *Efesios 4:25*

Pregunta relacionada: *¿Está mal hacer bromas pesadas?*

Nota a los padres: *Los padres tienden a justificar las mentiras diciendo: "Esta persona no puede aguantar la verdad." Si usted quiere ocultar verdades o partes de la verdad a sus hijos, entonces diga las partes que puede contar o no diga nada. A veces los padres inventan mentiras para motivar a los niños a hacer ciertas cosas que no quieren hacer ("Si comes los fideos se te ondulará el cabello"). Piense en maneras positivas de motivar a su hijo, sin recurrir a las mentiras.*

P: ¿Se puede mentir para que un amigo no se meta en problemas?

31

R: No tenemos que mentir para evitar que nuestros amigos se metan en problemas. Podemos pensar en otras mejores maneras de actuar. Por ejemplo, según la situación, podemos obtener la ayuda de un adulto que conoce a nuestro amigo y le tiene cariño, o le podemos decir al amigo: "No te lo puedo contar porque no te quiero lastimar." Hay muchas maneras de ayudar a un amigo sin mentir. Dios te ama y quiere que digas siempre la verdad. Así que él no te obliga a mentir ni te coloca en una situación en que tengas que mentir. Busca maneras buenas de reaccionar.

Recuerda que el camino de Dios es siempre el mejor. Algunos creen que con mentir pueden ayudar a alguien, pero en realidad no hacen más que empeorar la situación.

Versículo clave: *No os ha sobrevenido ninguna tentación que no sea humana; pero fiel es Dios, quien no os dejará ser tentados más de lo que podéis soportar, sino que juntamente con la tentación dará la salida, para que la podáis resistir (1 Corintios 10:13).*

Versículo relacionado: *Efesios 4:25*

Preguntas relacionadas: *¿Puedo mentir si el no hacerlo me perjudica? ¿Qué pasa si un amigo me amenaza si digo lo que él hizo, y yo sé que está haciendo algo malo? ¿Está mal mentir para ayudar a un amigo? ¿Está mal no decir nada cuando alguien es acusado de algo malo que no hizo?*

Nota a los padres: *Tenga cuidado de no hablar sobre situaciones supuestas. Si su hijo le hace este tipo de pregunta, procure determinar la situación real que la generó. Luego, trate de pensar en una manera de ayudar al amigo y también a su hijo para que no se meta en problemas.*

Digamos Siempre la Verdad

P: ¿Qué debo hacer cuando alguien me miente?

32

R: Cómo reaccionar a una mentira depende a quién afecte. Un amigo te puede mentir diciendo: "Metí cinco goles seguidos." Ese tipo de mentira no merece una reacción (en realidad, no decir nada es probablemente lo mejor). Pero si un compañero con quien tenías que preparar un proyecto te dice: "Yo estoy listo para presentar mi parte" y no lo está, esto les afectará a ambos y a la clase. O si alguien le miente a un adulto sobre una situación en que tú también estás involucrado, eso les afectará a ambos y posiblemente a otros. En estos dos últimos casos, tienes que responder de alguna manera.

En otras palabras, puedes no hacer caso a inventos o exageraciones. Pero en otras ocasiones, debes decirle a la persona que dijo la mentira que lo que dijo sencillamente no es verdad. Esto es importante cuando la mentira perjudicará a otros, como por ejemplo decir una mentira acerca de alguien en la escuela, copiar en un examen o decir algo que no es verdad para obtener dinero o para incitar a otros a hacer algo malo.

Cuando tú sabes de mentiras graves, debes contarle la verdad a un adulto. En esas situaciones si tú no hablas, alguien puede sufrir grandes perjuicios o daños.

Versículo clave: *Hermanos, en caso de que alguien se encuentre enredado en alguna transgresión, vosotros que sois espirituales, restaurad al tal con espíritu de mansedumbre, considerándote a ti mismo, no sea que tú también seas tentado (Gálatas 6:1).*

Versículos relacionados: *Romanos 14:16; Efesios 5:11; Colosenses 3:9; 1 Tesalonicenses 5:11; Hebreos 3:13; 10:24*

P: ¿Cuándo está bien no contarle un secreto a un amigo?

33

R: Por lo general es bueno guardar un secreto. Decir la verdad no significa que tenemos que contar todo lo que sabemos a todos los que pregunten. A veces los secretos pueden ser divertidos, como los regalos de cumpleaños u otras lindas sorpresas. A veces los secretos son importantes porque es mejor no dar cierta información a cualquiera.

No debemos guardar un secreto si por ello alguien puede salir perjudicado o meterse en graves problemas. Por ejemplo, si un muchacho te dice que le va a dar una golpiza a otro, o si una chica te cuenta que va a robar algo en una tienda. En estos casos, debes contárselo a alguien que pueda ayudar, quizá a uno de tus padres, un maestro, consejero u otro líder.

Ten cuidado de no prometer guardar un secreto antes de oír de qué se trata. Si lo cuentas o no depende de cuál es el secreto.

Versículo clave: *El que anda con chismes revela el secreto; no te metas con el suelto de lengua (Proverbios 20:19).*

Versículos relacionados: *Proverbios 11:13; 27:6; Mateo 6:3-6*

Pregunta relacionada: *¿Qué puedo hacer cuando un amigo hace algo que perjudicará a alguien y me pidió que no lo cuente?*

Nota a los padres: *Aliente a su hijo a contarle si se entera por un amigo de algo que perjudicará a otros o causará graves problemas. Haga entender a su hijo que contar secretos a las personas que pueden ayudar en esas situaciones es parte de ser un buen amigo. Por otro lado, no aliente "los cuentos". El que anda con cuentos es el que le cuenta a los adultos cosas insignificantes con el fin de sacar su propia ventaja de un problema que pudiera haber resuelto solo.*

Digamos Siempre la Verdad

P:

¿Tengo que decir la verdad aunque sé que a la persona que se la diga no le gustará?

34

R: Debes decir siempre la verdad, pero nunca con la intención de ser cruel. Aquí van varios ejemplos para ayudarte a decidir cómo hacerlo.

A veces la verdad le causará dolor a otra persona, pero aun así tenemos que decirla. Imagínate que un amigo te invita a su fiesta de cumpleaños. No puedes ir, pero no quieres ofender a tu amigo. Entonces, aceptas la invitación, no dices nada, y dejas que crea que irás. Aquí aunque tu amigo se lamente porque no puedes ir a su fiesta, es mucho mejor decirle la verdad enseguida.

Otra ocasión en que tienes que decir una verdad poco placentera es cuando un amigo está haciendo algo malo por lo cual tendrá problemas. Puede ser que se esté juntando con gente de malas costumbres. Ser un buen amigo significa decirle a tu amigo la verdad. Quizá no le guste lo que tienes que decirle, pero es la verdad y él necesita escucharla de tus labios.

Pero ser honestos y veraces no nos da el derecho de ser crueles. Recuerda, Dios es cariñoso y bondadoso. Así que no debemos decir cosas que ofendan a otros meramente porque son verdad. Sería cruel, por ejemplo, decirle a alguien: "Tienes una nariz enorme" o "No juegas bien al baloncesto" o "A tu casa le hace falta una buena mano de pintura" o "Siempre usas ropa vieja y gastada".

Versículo clave: *Siguiendo la verdad con amor, crezcamos en todo hacia aquel que es la cabeza: Cristo (Efesios 4:15).*

Versículos relacionados: *2 Samuel 12:1-12; 2 Reyes 5:1-14; Proverbios 27:6*

Digamos Siempre la Verdad

P:

Si a uno no le gusta lo que otro tiene puesto y le preguntan si le gusta, ¿tiene uno que decir la verdad?

35

R: Está claro que no debemos mentir. Pero eso no significa que tenemos que actuar de mala fe hiriendo a otros con lo que decimos. Tenemos que aprender a actuar y decir las cosas con tacto. Actuar con tacto es decir la verdad de buena manera, aunque a la otra persona le sea difícil aceptarla. Por ejemplo, supongamos que te parece que el abrigo nuevo de uno de tus amigos es feo. No tienes que decir: "No me gusta tu abrigo, ¡es feísimo!" En cambio, puedes pensar en algo bueno, como "Parece que es calientito." Practica decir lo que piensas de modo que respetes los sentimientos de las otras personas.

Versículo clave: *Andad en amor, como Cristo también nos amó (Efesios 5:2).*

Versículo relacionado: *Lucas 6:31*

Pregunta relacionada: *¿Se puede mentir sobre el aspecto de alguien simplemente para ser amable?*

Nota a los padres: *Este puede ser el momento para explicar la diferencia entre mentir y tener tacto. Mentir es un intento por engañar a alguien. Tener tacto es un intento por ser amable al decir una verdad que puede ofender. Enseñe a su hijo que no debe ir al extremo de decir solo lo que le agrada oír al otro. La adulación es igualmente mala y puede ser una manera de mentir. Nunca debemos mentir meramente por hacer sentir bien a alguien. Más bien, siempre debemos decir la verdad en amor.*

ACERCA
DE LA ESCUELA
Y LA TELEVISION

P: ¿Es malo mirar videos musicales?

36

R: Ver televisión, escuchar radio, mirar videos o escuchar música no es malo. Pero Dios quiere que seamos sabios en cuanto a lo que ponemos en nuestras mentes. Muchas de las cosas en la TV, el cine, los videos y la radio no son buenas. La realidad es que muchas veces se usan palabras groseras, se hacen cosas malas y hasta hacen parecer que pecar es lo correcto. Todo eso es falso. Sabemos que Dios quiere que hagamos lo bueno, no lo malo. No quiere que le desobedezcamos. Por eso debemos tener mucho cuidado con lo que miramos y escuchamos. Hay muchos videos musicales que no son buenos. Verlos y escucharlos es como comer basura. Nos hacen mal, no nos ayudan a crecer y terminan por enfermarnos. Por el contrario, debemos llenar nuestras mentes con imágenes, palabras y pensamientos que honran a Dios.

Versículo clave: *En cuanto a lo demás, hermanos, todo lo que es verdadero, todo lo honorable, todo lo justo, todo lo puro, todo lo amable, todo lo que es de buen nombre, si hay virtud alguna, si hay algo que merece alabanza, en esto pensad (Filipenses 4:8).*

Versículo relacionado: *Efesios 5:11*

Preguntas relacionadas: *¿Por qué son tan malos algunos videos musicales? ¿Por qué es malo mirar videos musicales?*

Nota a los padres: *Cuídese de condenar todos los videos musicales. Algunos músicos cristianos hacen buenos videos musicales. Cuídese de condenar todas las cosas que son parte de la cultura juvenil. Al enfrentar usted y sus hijos nuevos desafíos, aprendan a compararlos con las normas de Dios para poder distinguir entre lo bueno y lo malo.*

Acerca de la Escuela y la Televisión

P: ¿Por qué algunas personas componen canciones que contienen malas palabras?

Quiosco de Edición

Editamos videos y casetes

Cuando terminamos quedan más cortos... ¡pero decentes!

Videos & Casetes

37

R: Los compositores musicales y cantantes que no tienen esperanza y no aman a Dios reflejan su enojo y su odio en lo que escriben y cantan. Algunas canciones tienen malas palabras porque los compositores y cantantes quieren con esas palabras lograr la atención de sus oyentes. Porque estos músicos no aman a Dios, piensan que está bien usar palabras groseras. Otras veces, usan malas palabras porque los compositores, cantantes, productores y negocios quieren así ganar más dinero. Desafortunadamente, porque ese tipo de música se vende, ellos siguen sacando cantos malos.

No compres música en la que dicen groserías, ni la que tenga un mensaje falso de la vida. Si estás escuchando la radio y empieza un canto malo, cambia de estación. No te llenes la mente de esas cosas malas que son basura.

Versículos clave: *Porque los que desean enriquecerse caen en tentación y trampa, en muchas pasiones insensatas y dañinas que hunden a los hombres en ruina y perdición. Porque el amor al dinero es raíz de todos los males; el cual codiciando algunos, fueron descarriados de la fe y se traspasaron a sí mismos con muchos dolores (1 Timoteo 6:9, 10).*

Versículos relacionados: *Proverbios 4:24; Efesios 4:29; Filipenses 4:8*

Nota a los padres: *La música en sí no es mala. Es algo bueno que ciertas personas corrompen. Ayude a sus hijos a encontrar la música que les gusta y que no viola las normas de Dios.*

Acerca de la Escuela y la Televisión

P: ¿Se puede escuchar a grupos musicales que cantan cosas malas sin prestar atención a las palabras?

R: Tratar de escuchar cantos que contienen cosas malas sin oír las palabras es como mirar un video con los ojos cerrados. Es imposible hacerlo. Aun si no te estás concentrando en las palabras, igual las oyes y afectan tus pensamientos. Además, imagínate qué pensarían de ti otros si te vieran y oyeran escuchando música que ellos saben que es moralmente mala. Es probable que se preguntarían qué clase de cristiano eres. También, comprar y escuchar música mantiene a los músicos que la producen, y tú no quieres ayudar a mantener a los grupos que cantan cosas malas.

¡Pero no toda la música es mala! Muchos cantos son divertidos y su letra es buena. Llena tu mente con lo bueno —haz todo para la gloria de Dios. Confía en que las cosas que Dios aprueba son las mejores para ti. ¡El Señor te ama!

Versículo clave: *Por tanto, ya sea que comáis o bebáis, que hagáis otra cosa, hacedlo todo para la gloria de Dios (1 Corintios 10:31).*

Versículos relacionados: *Romanos 12:2; Filipenses 4:8*

Preguntas relacionadas: *¿Es malo escuchar música secular no religiosa? ¿Es malo escuchar música secular si uno lee la letra y no es tan mala?*

Nota a los padres: *Para la mayoría de los niños mayores y sus relaciones, la música es muy importante. Está bien limitar lo que su hijo puede escuchar, pero la manera más efectiva de hacerlo es guiarlo en lugar de bloquearlo. Es decir, cuando le dice que no puede escuchar a cierto grupo, sugiera otras alternativas. No dé la impresión de que la única música que vale la pena es la que ustedes escuchan (o escuchaban a la edad de ellos).*

Acerca de la Escuela y la Televisión

P: ¿Por qué no nos dejan ver ciertos programas de televisión?

R: Muchos programas de TV muestran a los actores diciendo y haciendo cosas que son contrarias a Dios y a lo que él dice. Muchas de las personas que hacen los programas de televisión no son cristianos. No conocen a Dios y muchas veces hacen programas que no está bien que veamos porque nos animan a hacer cosas malas.

Recuerda, siempre debemos tratar de hacer lo bueno. Así que, cuando empieza un programa que incluye cosas malas, es mejor apagar el televisor o cambiar de canal. Debemos vigilar nuestro corazón, porque lo que ponemos en él aparece luego en nuestra vida (Proverbios 4:23).

Versículo clave: *En cuanto a lo demás, hermanos, todo lo que es verdadero, todo lo honorable, todo lo justo, todo lo puro, todo lo amable, todo lo que es de buen nombre, si hay virtud alguna, si hay algo que merece alabanza, en esto pensad (Filipenses 4:8).*

Versículos relacionados: *Proverbios 4:23; 23:7; Efesios 5:11; Filipenses 2:14, 16; Santiago 4:4*

Preguntas relacionadas: *¿Por qué para un cristiano es importante saber lo que ve en la TV? ¿Por qué tenemos que tener cuidado de lo que vemos en la TV? ¿Es bueno o es malo ver películas no cristianas? ¿Es malo ver TV?*

Nota a los padres: *Este es el tipo de pregunta que enfoca el tema fundamental de para qué estamos sobre esta tierra. Estamos aquí para aprender a amar, aprender a confiar, para vivir con Dios a nuestro lado y para mostrar el amor de Dios a quienes nos rodean; no para buscar un placer personal inmediato. Ayude a su hijo a ver el panorama total para ayudarle a tomar buenas decisiones en las distintas áreas de la vida.*

Acerca de la Escuela y la Televisión

P:

¿Qué hago si uno de mis papás dice que puedo ver cierta película y luego el otro me dice que no puedo?

La imaginación de ALBERTO

SALOMON

R: Si uno de tus padres te dice que no, entonces acéptalo y no andes buscando el permiso del otro. Hay niños que van de un padre al otro hasta que uno cede y le da permiso. Eso es malo porque deshonra lo que dijo el otro. Si mamá y papá dicen que no puedes hacer algo (como ver cierta película), de buena manera puedes preguntar por qué. Esto te ayudará a entender la razón del "no". Pero no discutas, ni te quejes, ni lloriquees por el asunto. En cambio, da las gracias y obedece. Dios quiere que honremos y obedezcamos a nuestros padres. Así nos dice en su Palabra.

¿Por qué quiere Dios que los niños obedezcan a sus padres? Porque esa es la manera como Dios mantiene a los niños fuera de peligro y les da lo que necesitan para crecer sanos y felices. Obedecer y honrar a tus padres te ayuda a aprender las cosas que necesitas para vivir una vida feliz y productiva.

Versículos clave: *Guarda, hijo mío, el mandamiento de tu padre, y no abandones la instrucción de tu madre. Atalos siempre a tu corazón y enlázalos en tu cuello (Proverbios 6:20, 21).*

Versículos relacionados: *Exodo 20:12; Efesios 6:1-3*

Nota a los padres: *Es muy importante que los padres se apoyen mutuamente cuando los niños vienen a pedir algo en contradicción con lo que el otro padre ya le ha dicho. Tengan como norma apoyar la primera respuesta como la definitiva a menos que ambos coincidan en cambiar de parecer.*

Acerca de la Escuela y la Televisión

P: ¿Qué tiene de malo reírse de chistes "verdes" o groseros?

R: Algunos chistes son graciosos pero sucios y groseros. Debemos evitar reírnos de estos chistes "verdes". El chiste "verde" incluye malas palabras o habla del sexo en una forma equivocada con la sola intención de hacer reír. Aun las personas que no conocen a Dios los llaman chistes "verdes", indicando que no son decentes. Los chistes que se burlan de otras personas, su raza, el color de su piel, su religión, etc. también están mal. ¿Por qué? Porque Dios es santo y puro, y quiere que nosotros también seamos puros. Ser como él, es la clave para vivir de la manera como él nos creó para vivir. Decir o escuchar chistes "verdes" llena nuestras mentes de pensamientos malos y pueden hacer sentir mal a otros. Si estás cerca de alguien que está contando chistes de esta clase, apártate de esa persona. No escuches esos chistes porque así estarías apoyando a la persona que los está contando. Hay muchos chistes buenos y limpios. Escucha esos, cuenta esos y ¡diviértete!

Versículo clave: *Ni tampoco la conducta indecente, ni tonterías ni bromas groseras, cosas que no son apropiadas [son para ti]; sino más bien, acciones de gracias (Efesios 5:4).*

Versículos relacionados: *Exodo 23:2; Salmo 1:1, 2; Proverbios 3:32; 4:14, 15*

Preguntas relacionadas: *¿Está bien reírse de chistes graciosos sobre cosas malas? ¿Es malo contar chistes "verdes"?*

Nota a los padres: *Es tremendo a lo que renunciamos porque algo nos hace reír. Tengan cuidado de no repetir o reírse de chistes "verdes". El buen humor no es trivial. Y para el niño, la risa significa aprobación.*

Acerca de la Escuela y la Televisión

P:
¿Qué tiene de malo dejar de hacer las tareas de la escuela para después si así puedo ver TV?

La nota dice: "Tarea sobre tu fruta favorita. Entregar mañana."

42

R: La escuela es importante porque allí es donde aprendes las cosas que te ayudarán siempre. Las tareas escolares para hacer en tu casa son una parte del aprendizaje. Los maestros dan tareas para ayudarte a aprender lo que están enseñando en clase. Recuerda, Dios quiere que cumplas lo mejor posible todo lo que tienes que hacer, y esto incluye la escuela. La TV está bien (si ves buenos programas), pero la escuela es más importante.

Para obtener el mayor beneficio de la escuela, haz tus tareas primero, y de la mejor manera posible. Los deberes familiares y responsabilidades tienen que ocupar el primer lugar antes que el juego y la diversión. Luego, si tienes tiempo, puedes jugar, ver TV y dedicarte a otras actividades. Por lo general, si ya cumpliste con tus obligaciones, ¡disfrutarás más tu descanso, diversiones y juegos!

Versículos clave: *Vé a la hormiga, oh perezoso; observa sus caminos y sé sabio. Ella no tiene jefe, ni comisario, ni gobernador; pero prepara su comida en el verano, y guarda su sustento en el tiempo de la siega (Proverbios 6:6-8).*

Versículos relacionados: *Colosenses 3:23, 24; 1 Timoteo 4:12; 2 Timoteo 2:15, 22*

Nota a los padres: *Use la pregunta base de este tema como una oportunidad para hablar de la responsabilidad y la satisfacción de una tarea bien realizada. Todos tienen "tareas" que hacer, ¡y algunas simplemente no son divertidas! Pero podemos determinar cuál será nuestra actitud en cada situación y optar por disfrutar de las obligaciones que Dios nos dio. Aliente a su hijo para que no considere al trabajo como una obligación pesada, sino como un servicio a Dios y que disfrute de él.*

Acerca de la Escuela y la Televisión

P:

Si uno exclama CRISTO MIO o algo parecido cuando está enojado, ¿eso es lo mismo que orar?

43

R: No. Una cosa es hablar con Dios. Es muy diferente decir su nombre como una expresión para mostrar que te lastimaste o que estás enojado.

A veces una misma palabra puede tener diferentes significados. Cuándo y cómo decimos una palabra nos ayuda a reconocer qué queremos significar con ella. Por ejemplo, una persona puede sonreír y decir: "¡Magnífico!" con un tono alegre. Pero otra puede fruncir el ceño y mascullar entre dientes con sarcasmo: "¡Magnífico!" Es la misma palabra pero con significados muy diferentes. Lo mismo sucede con el nombre de Dios. Cuando alguien dice Dios, Jesús o Cristo en una frase, cuándo y cómo lo dice demuestra lo que quiere decir. Oramos y adoramos usando el nombre de Dios. En las clases de escuela bíblica hablamos mucho de Jesús. Y hablamos de Cristo con nuestros amigos. Estas son maneras correctas de usar el nombre de Dios. Pero algunos dicen su nombre por enojo, frustración o por costumbre. Eso es tomar el nombre de Dios "en vano", y eso no está bien. Amamos a Dios y queremos agradarle. Amamos a Jesús y le agradecemos que haya muerto en la cruz por nosotros. Así que debemos decir Dios, Jesús o Cristo únicamente cuando estamos tomando en serio a Dios, alabándole o hablando con él en oración. Ni siquiera debemos decir "¡Mi Dios!" ni "¡Oh Señor!" para mostrar nuestra sorpresa. Trata a Dios con respeto. Honra su nombre. Esto mostrará a otros que tú amas y respetas a Dios, y cómo ellos deben actuar.

Versículo clave: *No tomarás en vano el nombre de Jehovah tu Dios, porque Jehovah no dará por inocente al que tome su nombre en vano (Exodo 20:7).*

Preguntas relacionadas: *¿Por qué está mal decir: "¡Oh, mi Dios!"? ¿Por qué la gente toma el nombre de Dios en vano? Está mal maldecir? ¿Por qué es malo maldecir?*

Acerca de la Escuela y la Televisión

CUESTIONES
DE
FAMILIA

P: ¿Por qué existe el matrimonio?

44

R: Dios inventó el matrimonio porque todos necesitamos estar cerca de alguien para amar y ser amados. También creó el matrimonio como la manera de traer niños al mundo. El matrimonio es bueno. La realidad es que Dios unió al primer hombre y la primera mujer en el Jardín de Edén antes de que hubiera pecado en el mundo. Dios sabe qué es lo mejor para nosotros. Sabe que los bebés y los niños necesitan de una madre y un padre que los proteja y los cuide. El esposo y la esposa deben permanecer juntos, resolver sus problemas y ser buenos padres. Ese es el plan de Dios.

Versículo clave: *Por esta causa el hombre dejará a su padre y a su madre, y se unirá a su mujer; y serán los dos una sola carne (Mateo 19:5).*

Versículos relacionados: *Génesis 2:4-25; 1 Corintios 7:1, 2; Efesios 5:31-33*

Pregunta relacionada: *¿Por qué tenemos que estar casados para tener un hijo?*

Nota a los padres: *Enfatice las reglas de Dios para que las familias funcionen. Dios no abandona a las familias que han sufrido un divorcio o alguna separación. Dios nos dio el matrimonio y su plan para el esposo y la esposa es que estén casados de por vida. Pero en este mundo pecaminoso, los divorcios suceden. Por su gracia, Dios puede hacer que cualquier familia sea el núcleo de protección y provisión que los hijos necesitan. Siga confiando en Dios y dependiendo de él para ayudarle al máximo, cualquiera sea su situación.*

Cuestiones de Familia

P: En la TV, ¿por qué viven juntas las parejas que no son casadas?

45

R: Muchas de las personas que hacen los programas de TV no conocen a Dios, y no les importa lo que Dios quiere. No entienden que el camino de Dios es el mejor. Algunos programas de televisión tratan de mostrar que el matrimonio no es importante. Pero Dios creó el matrimonio, y él dice que es importante y que es bueno que el hombre y la mujer que viven juntos, deben estar casados.

Versículo clave: *Porque habiendo conocido a Dios, no le glorificaron como a Dios ni le dieron gracias; más bien, se hicieron vanos en sus razonamientos, y su insensato corazón fue entenebrecido (Romanos 1:21).*

Versículos relacionados: *Exodo 20:14, 17; Proverbios 6:25; 7:4-27; Jeremías 29:6; Malaquías 2:14-16; Mateo 19:3-9; Romanos 7:2; 1 Corintios 5:9-11; 6:18-20; 7:8-14; Colosenses 2:5; Hebreos 13:4*

Preguntas relacionadas: *¿Cuándo pueden las personas tener relaciones sexuales? ¿Por qué está mal tener relaciones sexuales antes del matrimonio?*

Nota a los padres: *Controle lo que su familia y sus hijos ven en la TV. Si ven una escena inapropiada en un programa o en los avisos comerciales, converse de eso con su hijo. Dialoguen sobre por qué está mal y lo que la Biblia dice del sexo.*

P: El besar, ¿es malo?

46

R: Los besos no son malos. Los familiares se besan. En muchos países los amigos se besan en la mejilla cuando se encuentran. Y los esposos muchas veces se besan. Besar es una manera como se puede demostrar cariño y afecto a las personas que para cada uno son importantes.

Versículos clave: *Y vuelto [Jesús] a la mujer, dijo a Simón: —¿Ves esta mujer? Yo entré en tu casa, y no me diste agua para mis pies; pero ésta ha mojado mis pies con lágrimas y los ha secado con sus cabellos. Tú no me diste un beso pero desde que entré, ésta no ha cesado de besar mis pies (Lucas 7:44, 45).*

Pregunta relacionada: *¿Está mal salir solos en pareja antes de cumplir los dieciséis años?*

Nota a los padres: *Muchos niños tratan de imitar lo que ven en la TV, donde frecuentemente los besos y la manera de besar tienen implicación sexual. Esto puede provocar confusión o significados muy parciales acerca del besar a otra persona. Cuando los niños preguntan sobre los besos, tómese el tiempo para explicar su lugar y propósito.*

P: ¿Por qué tengo que obedecer a mis padres?

R: La razón más importante por la cual los niños deben obedecer a sus padres es porque Dios lo manda. Dios sabe que los niños necesitan protección y dirección, y los padres son los más adecuados para este fin. Los padres cuidan de sus hijos, les dan comida y otras cosas que necesitan, y les enseñan a saber diferenciar entre lo bueno y lo malo. Vivir en el camino de Dios significa escucharle y hacer lo que él dice, y eso incluye obedecer a mamá y papá. Obedecer a tus padres es la mejor manera que tienes ahora de aprender y desarrollarte correctamente ahora para tener una vida mejor en el futuro.

Versículos clave: *Hijos, obedeced en el Señor a vuestros padres, porque esto es justo. Honra a tu padre y a tu madre (que es el primer mandamiento con promesa) para que te vaya bien y vivas largo tiempo sobre la tierra (Efesios 6:1-3).*

Versículos relacionados: *Exodo 20:12; Romanos 13:1-7; Colosenses 3:20*

Preguntas relacionadas: *¿Está mal que discuta con mis padres? ¿Está bien ir a la casa de mi amigo cuando mis padres me dicen que debo hacer las tareas de la escuela?*

Nota a los padres: *No se valga de su autoridad para justificar las normas y reglas de su hogar. Tenga una buena razón para explicar cada una, y que no sea "porque aquí mando yo". Por otra parte, no se sorprenda si su hijo se resiste a sus reglas, porque los niños generalmente protestarán las decisiones de sus padres, no importa lo cariñosas y sabias que sean. Para tener menos conflictos, tenga siempre una buena razón que justifique las reglas que establece.*

P:

¿Qué tiene de malo que me tape los oídos para no tener que oír a mis padres?

R: Algunos niños piensan que si no oyen a sus padres, no tienen que hacer lo que les están diciendo. Pero Dios nos dice que honremos a nuestros padres, no sólo que les obedezcamos. Esto significa tratarlos con respeto. Cuando respetamos a nuestros padres, los miramos cuando nos hablan y escuchamos atentamente lo que dicen —no tratamos de taparnos los oídos ni de ignorarlos. También significa tener una buena actitud y no contestar mal. Escuchar a tus padres no sólo te hace sentir bien —es para tu propio bien. Dios te ama y quiere lo mejor para ti lo mismo que tus padres.

Versículo clave: *Honra a tu padre y a tu madre, para que tus días se prolonguen sobre la tierra que Jehovah tu Dios te da (Exodo 20:12).*

Versículos relacionados: *Deuteronomio 5:16; Lucas 6:31*

Preguntas relacionadas: *¿Es malo mirar feo a mis padres cuando me están gritando? ¿Está mal ignorar a mis padres cuando hablan si no quiero escucharles?*

Nota a los padres: *No caiga en la trampa de levantar la voz para captar la atención del niño. Muchas veces es más fácil que sea obediente si le explica por qué tiene que obedecer, además del hecho de que usted quiere que obedezca.*

P:

¿Por qué está mal quejarme cuando mamá me pide que haga algo?

R: Recuerda, la Biblia nos dice que honremos a nuestros padres. Esto significa ser corteses, tener una buena actitud, ser respetuosos, aun cuando no nos gusta lo que ellos nos dicen. Si no estás de acuerdo con tus padres, puedes decirles cómo te sientes sin quejarte o herirlos con tus palabras. También, piensa cuánto hacen ellos por ti. Esto te ayudará a tener una actitud de agradecimiento en lugar de quejarte. Los que tienen la costumbre de quejarse no tienen muchos amigos, por lo general son infelices y viven vidas miserables. Y cuanto más se quejan, ¡peor es! Puedes elegir estar contento y actuar de la mejor manera posible, o bien ser un quejoso y vivir de manera infeliz. Y cuanto más se quejen les irá peor. Elige vivir de la mejor manera posible en cualquier situación en que te encuentres.

Versículo clave: *Hacedlo todo sin murmuraciones y contiendas (Filipenses 2:14).*

Versículos relacionados: *Mateo 21:28-31; Santiago 5:9; 1 Pedro 4:9*

Pregunta relacionada: *¿Está bien si me quejo cuando mi mamá me pide que haga algo?*

Nota a los padres: *Explíquele a su hijo por qué usted le dice: "No te tiene que gustar; simplemente tienes que hacerlo." Si su hijo calmada y respetuosamente explica sus objeciones, acepte y muestre su agrado por esa buena actitud y considere cuidadosamente esas objeciones.*

P:

Si mis padres están discutiendo, ¿está bien si les digo que no lo hagan?

Temas para chavadas bíblicas

SANSON Luchando con el león

50

R: A veces los padres discuten porque piensan diferente sobre un asunto y necesitan hablar para resolverlo. Si un esposo y una esposa discuten, no significa que estén teniendo serios problemas. Aun las personas que se aman profundamente a veces piensan diferente sobre un asunto. Esas diferencias no son malas, y el que discutan no significa que se odien. Además, no es tu responsabilidad como niño, lograr que tus padres no discutan. Les puedes decir cómo te hacen sentir, pero no trates de decirles lo que ellos deben hacer. Ora por tus padres si están discutiendo. Pídele a Dios que les ayude a llevarse bien y que les dé sabiduría para poder conversar tranquilos.

Por otro lado, si en la discusión hay gritos, palabras groseras y golpes, es bueno que se lo digas a algún adulto que pudiera ayudar a tus padres. Una opción podría ser decírselo a tu pastor.

Versículo clave: *El que se entremete en pleito ajeno es como el que agarra de las orejas a un perro que pasa (Proverbios 26:17).*

Versículo relacionado: *Filipenses 4:2*

Preguntas relacionadas: *Si es malo discutir, ¿por qué discuten mis padres? ¿Los adultos siempre saben más que los niños?*

Nota a los padres: *Escuchar que sus padres discuten puede ser muy duro para el niño. Usted y su cónyuge a veces no estarán de acuerdo y discutirán. Pero tengan cuidado de cómo discuten, especialmente en frente de sus hijos. Sean justos; es decir, no usen lenguaje grosero, ni se insulten, ni saquen a luz asuntos que no corresponden. En cambio, con calma y en voz baja, reconozca el punto de vista del otro, explique su propio punto de vista y proponga una solución. Demuéstrele a sus hijos que las diferencias pueden resolverse en paz y con cariño.*

P: ¿Está bien contarles secretos a mis padres?

51

R: Sí. Es maravilloso tener alguien en quien confiar. Las mamás y los papás que aman a sus hijos quieren ayudarles todo lo que puedan. No hay mejor persona a quien puedas confiarle un secreto que a tus padres. Acuérdate de decirles que es un secreto y que no quieres que se lo cuenten a nadie —entonces sabrán que no deben repetirlo. Algunos niños no confían sus secretos a sus padres. Eso no está de acuerdo con el camino de Dios. ¿Cómo pueden tus padres ayudarte, enseñarte y cuidarte si no confías en ellos y hablas con ellos? Si alguien te dice que te va a contar algo que no puedes decirle a tus padres, entonces dile que tampoco te lo cuenten a ti.

Versículo clave: *El que anda con chismes revela el secreto; no te metas con el suelto de lengua (Proverbios 20:19).*

Versículos relacionados: *Proverbios 11:13; 25:9, 10*

Pregunta relacionada: *¿Hay ciertas cosas que no debo contarles a mis padres?*

Nota a los padres: *Los niños necesitan a alguien en quien confiar sus temores, sueños y secretos. Su hijo debe siempre sentirse seguro de que le puede contar todo lo que piensa. Trate esas confidencias con cuidado y cariño. No use esa información en contra del niño, no menoscabe lo que le cuenta y no traicione la confianza depositada en usted. Use esta oportunidad para mostrarle que aprueba la honestidad y la confianza con que actuó hacia usted.*

P: ¿Puedo pegarle a mi hermano si él me pegó primero?

52

R: No, eso sería vengarse. La Biblia dice que la venganza queda en manos de Dios. Dios ha establecido que hay disputas que las autoridades humanas deben resolver, como son: policías, maestros y (cuando los hermanos se pelean) los padres. No está bien pegar porque a ti te pegaron.

Dios también quiere que amemos, no que odiemos. Si decimos que amamos a Dios pero odiamos a las personas, entonces, no le amamos de verdad. Si no podemos amar a alguien de nuestra propia familia, a quien vemos, no es posible que amemos a Dios, a quien no podemos ver. Por eso Jesús nos dijo que seamos amables y que respondamos con amor, aun cuando alguien nos pega.

Así que si tu hermano (o hermana) te pega, responde siendo amable. Si sigue siendo malo, díselo a tus padres y deja que ellos resuelvan el asunto. Dios quiere que aprendas a llevarte bien con los demás. Eso a veces puede ser difícil en la familia. Pero si puedes aprender a amar y a ser amable con tus familiares, es probable que podrás llevarte bien con casi todas las personas.

Versículo clave: *No paguéis a nadie mal por mal. Procurad lo bueno delante de todos los hombres (Romanos 12:17).*

Versículos relacionados: *Mateo 5:9; Romanos 12:14; 13:1-7; 1 Juan 2:9-11; 3:11-15*

Nota a los padres: *Uno de sus desafíos como padre es enseñar a los niños a resolver sus diferencias hablando y no peleando. Pueden usar una pregunta como la que da base a este tema para enfatizar la importancia de ser pacificadores. No permita que sus hijos peleen, porque esa será la manera como querrán siempre resolver sus problemas. En cambio, anímelos a dialogar sobre sus diferencias, y llegarán a tener valiosas habilidades para poder resolver todo tipo de conflictos.*

P: ¿Está bien si molesto a mi hermana?

53

R: Dios quiere que seamos amables y considerados; respetuosos no malos. A veces podemos estar divirtiéndonos bromeando y haciéndonos cosquillas, pero debemos dejar de hacerlo si la otra persona lo pide. No debemos ser crueles.

A veces molestamos a otros sin querer. En otras palabras, quizá hacemos algo que molesta a otra persona o que la hace enojar con nosotros y ni siquiera lo notamos. En cuanto nos damos cuenta que es así, debemos dejar de hacerlo. Esto sería ser amable y considerado.

Es fácil que entre hermanos se enojen. Eso es porque pasan mucho tiempo juntos, y a veces lo que una persona hace afecta a los demás en la familia. Por eso tenemos que esforzarnos mucho para así hacer de nuestro hogar un lugar de amor y amabilidad.

Versículo clave: *No seamos vanidosos, irritándonos unos a otros y envidiándonos unos a otros (Gálatas 5:26).*

Versículos relacionados: *Génesis 21:9-11; Romanos 12:9, 10; Gálatas 6:10; 1 Juan 2:9-11*

Preguntas relacionadas: *¿Está mal pelearme con mi hermano? ¿Por qué no está bien pelearse?*

Nota a los padres: *Cuando sus hijos se están molestando, enséñenles a ambos la reacción correcta. La persona que está molestando debe dejar de hacerlo cuando el otro se lo pide y pedirle disculpas. A la vez, el que es molestado debe tratar de tener más paciencia.*

P: ¿Tengo que comer las verduras, o es que mis padres quieren asegurarse de que no queden sobras?

54

R: Dios ha dicho que los niños deben obedecer a sus padres. Así que aunque no te guste alguna comida, debes comerla si tus padres te lo mandan. Los padres les dan de comer verduras a sus hijos porque las verduras ayudan a desarrollar cuerpos fuertes. La Biblia nos dice que debemos cuidar nuestros cuerpos porque es allí donde Dios vive. Además, Dios quiere que tengamos cuerpos sanos para servirle a él. Tenemos que hacer todo lo posible por conservarnos saludables. Esto significa alimentarnos bien, inclusive con verduras.

Versículo clave: *¿O no sabéis que vuestro cuerpo es templo del Espíritu Santo, que mora en vosotros, el cual tenéis de Dios, y que no sois vuestros? (1 Corintios 6:19).*

Versículos relacionados: *Efesios 6:1-3*

Pregunta relacionada: *¿Puedo tirar la comida que hizo mamá y salir a comprar lo que me gusta comer?*

Nota a los padres: *Establezca reglas buenas y sanas en cuanto a la comida y sea consistente en que se cumplan. Esto trae paz y reduce al mínimo los argumentos porque su hijo sabe cuáles son los límites. Pero tenga cuidado de no exagerar las reglas sobre la comida; comer debe ser una experiencia agradable.*

AMIGOS
Y
ENEMIGOS

P: ¿Puedo tener otros amigos, si tengo un "mejor amigo"?

55

R: Dios quiere que seamos cariñosos y amables con todos. Si tú lo eres, es muy probable que muchos niños quieran estar contigo y ser tus amigos. Tener muchos amigos es una gran cosa, y es divertido. Puedes tener muchos buenos amigos y no tienes que ponerlos en orden según quiénes son los mejores. Puede ser que tengas uno o dos amigos a quienes conoces mejor que a los demás. Pero cuídate de decir que uno es el mejor de todos. Eso puede hacer sentir mal a tus otros amigos. Y nunca digas que alguien es tu "mejor amigo" para hacer enojar o dar celos a otro o simplemente porque quieres excluir a alguien.

Puedes tener una fruta favorita, pero no tienes que tener "un mejor amigo". Tú puedes ser un "mejor amigo" para muchas personas.

Versículo clave: *Mientras tengamos oportunidad, hagamos el bien a todos, y en especial a los de la familia de la fe (Gálatas 6:10).*

Versículo relacionado: *Proverbios 17:17*

Pregunta relacionada: *¿Qué hago si alguien quiere ser mi mejor amigo pero yo no quiero ser el mejor amigo de él?*

Nota a los padres: *Anime a su hijo a ser un amigo leal, respetuoso de los sentimientos y preferencias de otros. Adviértale de ser cuidadoso con todos sus amigos y no señalar a uno como "mi mejor amigo" porque puede lastimar a sus otros amigos. Anímelo a concentrarse en ser un buen amigo en lugar de tener un buen amigo. Todo lo que la Biblia dice sobre amar al prójimo se aplica a la amistad.*

Amigos y Enemigos

P: ¿Cómo puedo amar a mis enemigos?

56

R: Puedes demostrar amor a tus enemigos haciendo cosas amables por ellos, deseándoles lo mejor y orando por ellos. Amar a tus enemigos significa perdonarlos y no juzgarlos. Significa no devolverles mal por mal ni tratar de hacerles algún daño, es tratarlos como a un amigo.

Si te parece que esto suena difícil de hacer, ¡tienes razón! Nuestros enemigos no gustan de nosotros y quieren lastimarnos. Ellos pueden darnos empujones, pegarnos, insultarnos y tratar de meternos en líos. No nos va a gustar lo que ellos nos hacen. Pero con la ayuda del Espíritu Santo de Dios, podemos amarles. Después de todo, eso es lo que hizo Dios con nosotros.

Dios puede hacer cualquier cosa —aún cambiar a las personas. Quién sabe... quizá tus enemigos de hoy sean tus amigos del mañana.

Versículos clave: *Más bien, amad a vuestros enemigos y haced bien y dad prestado sin esperar ningún provecho. Entonces vuestra recompensa será grande, y seréis hijos del Altísimo; porque él es benigno para con los ingratos y los perversos. Sed misericordiosos, como también vuestro Padre es misericordioso. No juzguéis, y no seréis juzgados. No condenéis, y no seréis condenados. Perdonad, y seréis perdonados (Lucas 6:35-37).*

Versículos relacionados: *Romanos 12:17-21*

Pregunta relacionada: *¿Qué puedo hacer cuando en la escuela tengo un compañero prepotente y peleador?*

Nota a los padres: *Cada conflicto con alguien es una oportunidad para aprender cómo amar. Anime a su hijo a convertir los conflictos en oportunidades de ser amistoso y cariñoso con los demás.*

Amigos y Enemigos

P: ¿Está mal tenerle antipatía a un chico "bobo"?

57

R: Sí. A veces algunos niños reciben sobrenombres como "bobo" o el "matón" sin razón. En lugar de creer lo malo acerca de los demás, debes creer lo mejor de ellos y tratar de llegar a conocerles mejor. Aun cuando nos encontramos con personas que realmente son "matones", que nos dicen cosas feas y son malos con nosotros, no debemos odiarlos ni devolverles mal por mal. Dios quiere que seamos cariñosos y amables con los demás. Por eso no debemos lastimar ni burlarnos de nadie.

Versículos clave: *Habéis oído que fue dicho: Amarás a tu prójimo y aborrecerás a tu enemigo. Pero yo os digo: Amad a vuestros enemigos, y orad por los que os persiguen (Mateo 5:43, 44).*

Versículos relacionados: *Mateo 5:21, 22; Lucas 6:27-35; Romanos 12:17-21*

Preguntas relacionadas: *¿Está bien burlarse de alguien de otro país o de otra raza? ¿Por qué la gente se ofende cuando alguien se ríe de ella?*

Nota a los padres: *Esto toca el tema del prejuicio. Tiene que enseñarle a su hijo a respetar a todos, no importa cual sea la raza, nacionalidad, religión o clase social. Dios creó la diversidad entre los seres humanos; no hay razón para que juzguemos a algunos bien y a otros mal. Sea usted un ejemplo: Evite decir cosas negativas o despectivas de grupos o clases de personas.*

P:

¿Está bien que, porque mis amigos lo hacen, me quede levantado hasta tarde si debo ir a la escuela al otro día?

58

R: Lo que hacen tus amigos no determina lo que es bueno o es malo. Cada familia tiene sus propias reglas. Es importante que tú obedezcas a tus padres. Así que si tus padres te dicen que te vayas a dormir a cierta hora, hazlo, no importa lo que hagan tus amigos. Dios les dio a tus padres la responsabilidad de criarte, no a tus amigos.

Tus padres tienen una buena razón al no querer que te quedes levantado hasta tarde cuando tienes que ir a la escuela a la mañana siguiente: Si lo haces, te levantarás con sueño, y no podrás dar lo mejor de ti en la escuela. Tu mamá y tu papá lo saben, por eso insisten en que descanses. Ellos saben cuán importante es que andes bien en la escuela. A veces tus padres pueden permitir que te quedes levantado hasta tarde, cuando vas a pasar la noche en la casa de un amigo o los fines de semana. En ese caso no estaría mal. Pero aun así quizá no sea lo mejor, especialmente si tratas de quedarte levantado toda la noche. Eso no te hace bien. Piénsalo bien, y no te prives de dormir lo suficiente.

Versículo clave: *No os conforméis a este mundo; más bien, transformaos por la renovación de vuestro entendimiento, de modo que comprobéis cual sea la voluntad de Dios, buena, agradable y perfecta (Romanos 12:2).*

Versículos relacionados: *Exodo 20:12; Colosenses 3:20*

Preguntas relacionadas: *¿Está bien hacer siempre lo que hacen mis amigos? ¿Qué hago cuando quiero imitarlos a ellos y a la vez hacer lo que dice la Biblia?*

Nota a los padres: *Cuando su hijo empieza a usar la excusa: "Pero todos mis amigos lo hacen", recuérdele la razón y la recompensa de hacer lo correcto. Anime a su hijo a ser buen ejemplo, no a imitar lo incorrecto que hacen los demás.*

Amigos y Enemigos

P:

¿Qué tiene de malo querer usar el tipo de ropa que está de moda?

59

R: Está bien usar la ropa que está de moda. Pero debemos cuidarnos y tratar de tener la mejor apariencia posible. No creamos que por vestir "el último grito de la moda" seremos más felices o nos ayudará a tener nuevos amigos. Tenemos que recordar que usar buena ropa no hace que una persona sea buena. Lo que realmente importa es lo que uno tiene adentro.

Los diseñadores de ropa y modistos están tratando de ganar dinero. Así que diseñan anuncios comerciales muy sagaces por TV y radio para hacer que todos quieran comprar esa ropa. Ellos cambian las modas cada temporada y nos dicen que todos deberíamos usar lo último que ha salido. Muchas veces la ropa que más está de moda es la más cara.

Habla con tus padres para saber qué pueden comprar con el dinero que tienen. Dios quiere que estemos satisfechos con lo que tenemos, así que no digas que no tienes qué ponerte porque tu ropa no es de la última moda. Dios quiere que lo pongamos a él en primer lugar en nuestra vida, así que no hagas que la ropa ni ninguna otra cosa sea para ti más importante que Dios.

Versículos clave: *Por tanto, no os afanéis diciendo: '¿Qué comeremos?' o '¿Qué beberemos?' o '¿Con qué nos cubriremos?' Porque los gentiles buscan todas estas cosas, pero vuestro Padre que está en los cielos sabe que tenéis necesidad de todas estas cosas. Más bien, buscad primeramente el reino de Dios y su justicia, y todas estas cosas os serán añadidas (Mateo 6:31-33).*

Versículos relacionados: *Filipenses 4:11, 12; 1 Timoteo 6:8; Hebreos 13:5*

Pregunta relacionada: *¿Es malo querer lucir un peinado perfecto y vestir ropa "de moda"?*

Amigos y Enemigos

P:

Si tengo que amar a todos,
¿por qué no me dejan juntarme
con ciertos compañeros?

60

R: Dios quiere que seamos cariñosos y amables con todos, pero eso no quiere decir que tenemos que ser amigos de todos. Algunos compañeros pueden ser una mala influencia sobre nosotros. Si pasamos mucho tiempo con ellos, terminamos por hacer lo que no debemos y metiéndonos en problemas.

Es bueno querer ser una buena influencia. Así que puedes tratar de ser amistoso con algunos compañeros que otros creen son malos. Pero si ellos empiezan a decirte que hagas cosas malas, tendrás que apartarte. Piensa dónde juegas con ellos y lo que haces. Trata de traerlos a tu casa para jugar o invítalos a la iglesia. Tus mejores amigos deben ser los que te ayudan a ser la mejor persona posible —los que tienen las mismas actitudes que tú en cuanto a obedecer a Dios. Trata de acercarte a los que aman a Dios y quieren servirle. Habla con tus padres sobre este problema. Y si te dicen que no te juntes con ciertos niños, haz lo que ellos te dicen. Una manera en que tus padres realmente te pueden ayudar, es a elegir buenos amigos.

Versículo clave: *El que anda con los sabios se hará sabio, pero el que se junta con los necios sufrirá daño (Proverbios 13:20).*

Versículos relacionados: *Proverbios 27:17; Juan 17:15-17; 1 Corintios 5:9-11*

Preguntas relacionadas: *Si tenemos que amar a todos, ¿por qué es malo tener amigos malos? ¿Por qué está mal tener ciertos amigos si Dios quiere que amemos a todos?*

Nota a los padres: *Los amigos pueden tener una influencia poderosa sobre los niños. Es importante vigilar las amistades de su hijo y alentar las relaciones positivas que su hijo ha entablado.*

Amigos y Enemigos

P: ¿Está mal dejar de contarles de Jesús a mis amigos cuando no quieren escucharme?

Silencio
¡Por Favor!
Biblioteca

61

R: Es bueno que quieras contarles de Jesús a tus amigos, pero también es bueno que los respetes como personas. A veces ellos no estarán interesados en escucharte. Y a veces, quizá te digan que ya no quieren hablar de ese tema. Cuando esto suceda, tienes que respetar sus deseos y hablar menos. Esto no significa que por medio de ti no aprenderán de Jesús. Siempre puedes compartir lo que Dios está haciendo en tu vida. Y aún más importante, si vives como un cristiano, eres cariñoso y amable, tus amigos notarán que no haces cosas malas y verán a Jesús en ti.

Versículos clave: *Tampoco se enciende una lámpara para ponerla debajo de un cajón, sino sobre el candelero; y así alumbra a todos los que están en la casa. Así alumbre vuestra luz delante de los hombres, de modo que vean vuestras buenas obras y glorifiquen a vuestro Padre que está en los cielos (Mateo 5:15, 16).*

Versículo relacionado: *Eclesiastés 3:1*

Pregunta relacionada: *¿Por qué a algunos niños les da vergüenza creer en Jesús?*

Nota a los padres: *Enseñe a su hijo cómo compartir su fe, pero no lo presione a testificar. Dios quiere que vivamos nuestra fe y compartamos nuestras experiencias tanto como el plan de salvación. Puede orar con su hijo pidiendo oportunidades de contar a otros acerca de Jesús sea con palabra o con buenas acciones.*

Amigos y Enemigos

P: Si mis amigos están haciendo algo que me parece malo, ¿debo decírselo a mis padres?

R: Sí. Es bueno poder contarle a tus padres las cosas que te pasan en la vida, especialmente las cosas que te molestan. También es bueno pedirles su consejo sobre lo que debes hacer en ciertas situaciones. Si tus amigos están haciendo algo que les dañará a ellos mismos o a alguien más, entonces, definitivamente, díselo a tus padres. Ellos sabrán qué hacer para ayudarles a ellos y a ti.

No olvides que tú mismo puedes hablarles a tus amigos de lo que están haciendo. Cuando se lo cuentas a tus padres, puedes decirles lo que tus amigos están haciendo, y luego explícales lo que tú piensas hacer. No esperes que mamá y papá intervengan cada vez para sacarte de apuros.

Y, por último, no les cuentes únicamente las cosas malas que los niños están haciendo. También cuéntales a tus padres lo bueno que tus amigos hacen.

Versículo clave: *Y no tengáis ninguna participación en las infructuosas obras de las tinieblas; sino más bien, denunciadlas (Efesios 5:11).*

Versículos relacionados: *Proverbios 10:17, 18; 1 Timoteo 5:20*

Preguntas relacionadas: *Si alguien está molestando a mi hermanito, ¿está bien si lo defiendo? ¿En qué casos está bien contar a mis padres las cosas malas que mis amigos hacen?*

Nota a los padres: *Valore la honestidad. No reaccione exageradamente cuando su hijo le cuenta cosas que le sorprenden. (Si usted reacciona mal, su hijo tendrá menos predisposición a contarle cosas en el futuro.)*

P: ¿Está bien pensar que uno es mejor que otro si realmente no es así?

R: Ten cuidado de no caer en la trampa de creerte mejor que otros. ¿Quién dice que eres mejor? A veces nos creemos mejores de lo que somos y nos llenamos de orgullo. Sé realista en cuanto a ti mismo, y también humilde porque todas tus habilidades y talentos son regalos de Dios. Aunque seamos muy buenos en algunas cosas, todos necesitamos depender de Dios. Recuerda que lo más importante es tu relación con el Señor.

No tiene nada de malo estar contento porque hiciste bien algo, por ejemplo: cantaste un solo, ganaste puntos en un juego, obtuviste buenas calificaciones, fuiste honesto. Es bueno que te sientas contento y seguro con lo logrado si lo has hecho bien. No tienes por que pensar que no eres bueno por ello, ni disculparte por lo que sabes hacer bien. Pero no te compares con otros ni te creas mejor que ellos.

Cuando alguien te elogia, di sencillamente: "Muchas gracias". Recuerda que puedes ser el mejor jugador de fútbol o baloncesto, pero eso no te convierte en una mejor persona.

Versículo clave: *Digo, pues, a cada uno de vosotros, por la gracia que me ha sido dada, que nadie tenga más alto concepto de sí que el que deba tener; más bien, que piense con sensatez, conforme a la medida de la fe que Dios repartió a cada uno (Romanos 12:3).*

Versículos relacionados: *Lucas 18:9-14; Santiago 4:6, 10*

Pregunta relacionada: *¿Qué significa ser humilde?*

Nota a los padres: *La humildad es un elemento clave para desarrollar una autoestima saludable. Cuando su hijo se siente deprimido, dele su apoyo mostrándole que cree en él. Cuando su hijo sienta un orgullo inapropiado, recuérdele que todos hemos pecado y no alcanzamos la gloria de Dios (Romanos 3:23).*

Amigos y Enemigos

HONESTOS Y DESHONESTOS
(HACER TRAMPAS)

P:

¿Está bien decir que logré tocar a mi amigo en un juego cuando en realidad no lo toqué?

64

R: Decir en un juego que uno hizo algo que no hizo es mentir. Dios dice que está mal mentir. En realidad, hacer trampa siempre es mentir y siempre está mal, aun en un divertido juego. Las reglas se hacen para que un juego sea divertido. Si no hay reglas, entonces nadie sabe cómo jugar, y no se sabe quién ganó y quién perdió. Imagínate lo tonto que sería si en un juego cada quien hace lo que quiere. No sería nada divertido y no sería un juego, sino un desastre. En un juego que vale la pena, todos los jugadores siguen las reglas. No seguir las reglas arruina el juego.

Esto es más importante que lo que la gente cree. La Biblia dice que si uno es veraz y honesto en "las cosas pequeñas", lo será en las cosas importantes. Si haces trampa en un simple juego, es posible que se convierta en una costumbre para toda la vida. Sé honesto en todo lo que haces, incluyendo en tus juegos.

Versículo clave: *El que es fiel en lo muy poco también es fiel en lo mucho, y el que en lo muy poco es injusto también es injusto en lo mucho (Lucas 16:10).*

Versículos relacionados: *Levítico 19:35, 36; 1 Samuel 8:1-3; Proverbios 11:1; 20:23; Mateo 25:14-30; 1 Timoteo 3:8; Tito 1:7*

Pregunta relacionada: *¿Está bien hacer trampa?*

Nota a los padres: *Anime a su hijo a aprovechar las oportunidades aun más pequeñas para ser honesto y justo. Esto le ayudará a que sea más fácil ser honesto cuando surge una situación más delicada, y hará que sea más fácil que los demás confíen en él en otras áreas.*

Honestos y Deshonestos (Hacer Trampas)

P: ¿Está bien hacer trampa en un juego cuando el juego se llama TRAMPAS y eso es lo que uno tiene que hacer?

65

R: Es lamentable que un juego se llame Trampas porque da la idea de que está bien hacer trampas. Hacer trampas es malo porque es mentir. Cuando estás jugando, no importa cómo se llame el juego, debes jugar según las reglas de ese juego. El juego puede pedir que los jugadores inventen anécdotas sobre ellos mismos y los demás jugadores deben adivinar cuáles son verdad y cuáles son mentira. Eso no es mentir, porque es parte del juego y todos saben que las anécdotas son inventadas. Aun en un juego así, tienes que participar siguiendo las reglas. Los juegos con reglas cómicas pueden ser divertidos. Por ejemplo, a ti y a tus amigos se les puede ocurrir jugar al fútbol inventando nuevas reglas para esa ocasión. Si todos entienden las reglas y las cumplen, pueden divertirse. Será un juego distinto al fútbol de siempre, pero está bien porque todos están jugando con las nuevas reglas.

Por otro lado, no tienes que jugar todos los juegos. Algunos son malos y pueden hacerte daño. Te pueden obligar a hacer algo que está mal o algo que tú sabes que tus padres no aprueban. En otras palabras, ¡participa en cada juego según las reglas, pero no juegues en los que no se siguen las reglas de Dios!

Versículo clave: *El justo es librado de la desgracia, pero el impío llega al lugar que le corresponde (Proverbios 11:8).*

Versículos relacionados: *Deuteronomio 25:16; Oseas 12:7*

Nota a los padres: *Sea práctico y asegúrese de que su hijo entiende todas las reglas cuando participa en un juego. De esta manera se ahorrará discusiones y trampas.*

Honestos y Deshonestos (Hacer Trampas)

P:

¿Es malo, en un examen de ortografía, mirar la hoja de un compañero y copiar lo que él respondió?

66

R: Cuando miras la hoja de examen de un compañero o cuando copias la tarea escolar de otro, no estás siendo honesto. El mandato que Dios nos dio es que seamos honestos porque él es veraz, y cuando nuestra conducta no es como la de Dios, es mala. Cuando miras las respuestas ajenas en un examen y luego las escribes en tu hoja, le estás diciendo a la maestra que sabes la respuesta correcta cuando en realidad no es así. Eso es hacer trampa ¡y mentir!

Recuerda que cada vez que mientes o haces trampa, a la larga tú mismo te perjudicas. Te estás perjudicando porque al copiar no estás aprendiendo lo que debes aprender, y un día lo sentirás al comprobar que no sabes lo que necesitas saber.

Versículo clave: *Por lo tanto, habiendo dejado la mentira, hablad la verdad cada uno con su prójimo, porque somos miembros los unos de los otros (Efesios 4:25).*

Versículos relacionados: *Exodo 20:16; Levítico 19:35, 36; 1 Samuel 8:1-3; Proverbios 11:1; 20:23; Mateo 25:14-30; Lucas 16:10; 1 Timoteo 3:8; Tito 1:7*

Nota a los padres: *Cuando surge una pregunta como ésta, puede recordarle a su hijo para qué va a la escuela y cómo copiar en un examen no cumple el propósito de aprender.*

P: ¿Es malo hacer trampas en los deportes?

67

R: Hacer trampas cuando se juega un deporte es malo porque engaña a los demás y arruina el partido. A veces en TV o aun en la escuela, pareciera que lo más importante en el mundo es ganar un partido. Olvidamos que es sólo un partido, y creemos que ganar es lo más importante. Pero no hay nada tan importante como para justificar que tengamos que hacer trampa para lograrlo. Dios quiere que seamos honestos, veraces y justos en todo lo que hacemos.

Esa es también la razón por la cual debemos jugar limpio. Algunos piensan que jugar sucio (perjudicar a otros en un partido) está bien siempre y cuando no se rompa ninguna regla. Pero los cristianos deben respetar a otros además de obedecer las reglas.

Recuerda, la mejor razón para jugar un deporte es mejorar tus habilidades y tu condición física, aprender a trabajar en equipo y saber ganar o perder. Al jugar un deporte, sea cual fuere, debemos jugar lo mejor posible, ser justos obedeciendo las leyes, jugar limpio y disfrutar del partido. Eso es mucho más importante que ganar o perder.

Versículo clave: *El que es fiel en lo muy poco también es fiel en lo mucho, y el que en lo muy poco es injusto también es injusto en lo mucho (Lucas 16:10).*

Versículos relacionados: *Levítico 19:35, 36; 1 Samuel 8:1-3; Proverbios 11:1; Mateo 25:14-30; Lucas 16:10; Efesios 4:25; 1 Timoteo 3:8; Tito 1:7*

Nota a los padres: *Algunos padres presionan demasiado a sus hijos para que triunfen en los deportes. No pierda usted la correcta perspectiva. Si presiona demasiado a su hijo, quizá sin saberlo, le esté incitando a hacer trampas al pensar que ganar es más importante que jugar limpio.*

Honestos y Deshonestos (Hacer Trampas)

P: Dejar ganar al otro equipo cuando sus jugadores están jugando mal, ¿es trampa?

68

R: No, porque hacer trampa es romper las reglas a fin de sacar un beneficio. Puedes jugar de diferentes maneras sin romper las reglas. Hay ocasiones cuando quizá quieras jugar más despacio para dar al otro equipo o persona una oportunidad de avanzar en el juego. Si así lo haces, asegúrate de que todos entienden lo que estás haciendo. Pero no lo hagas para burlarte de los otros. Si los equipos son muy disparejos y sabes que uno "barrerá" al otro, quizá quieran adaptar las reglas o cambiar los equipos para que sean más parejos, y así sea más divertido jugar. Recuerda, lo que a Dios le importa es que nos tratemos unos a otros con respeto y cariño, no que ganemos.

Versículos clave: *Pero el fruto del Espíritu es: amor, gozo, paz, paciencia, benignidad, bondad, fe, mansedumbre y dominio propio. Contra tales cosas no hay ley (Gálatas 5:22, 23).*

Versículo relacionado: *Lucas 6:31*

Nota a los padres: *A veces los padres se preguntan si deben jugar distinto cuando juegan con sus hijos y dejarles ganar. Si los niños siempre pierden, se desaniman y dejan de jugar. Ustede le podría decir: "Voy a jugar con más sencillez para ayudarte a que aprendas a jugar mejor." Y si al niño le molesta que lo dejen ganar, prométele jugar más seriamente la próxima vez ¡y cumpla! Todos disfrutarán el desafío y se divertirán. Es apropiado presentar al niño un desafío: es así como aprende y se desarrolla.*

P:

Si gané e hice trampa para lograrlo, ¿tengo que confesarlo?

Caja del Dinero
(El juego)

69

R: Recuerda, nunca debes hacer trampa. Pero si la hiciste, debes admitir lo que hiciste y corregirlo, ya sea que ganes o pierdas. En un juego que es muy importante para ti, tendrás la tentación de ganar cueste lo que cueste. Es en ese momento que quizá pienses en hacer trampa para obtener una ventaja. Pero recuerda que ganar no es lo más importante, hacer lo que Dios quiere sí lo es.

Cuando en un juego haces algo malo y te das cuenta de ello, lo mejor es confesarlo. Primero, habla con Dios acerca de lo que hiciste. Luego díselo al otro equipo o individuo y pide perdón. Es probable que también debas contárselo a tus padres. Ten en cuenta que aunque lo confieses, no está bien el que hayas hecho trampa. En realidad, quizá tengas que pagar algo o devolver algo que obtuviste con tu trampa. No creas que puedes hacer trampa y después reírte de lo que hiciste. Dios quiere que seas una persona honesta en toda circunstancia.

Versículo clave: *Por tanto, confesaos unos a otros vuestros pecados, y orad unos por otros de manera que seáis sanados. La ferviente oración del justo, obrando eficazmente, puede mucho (Santiago 5:16).*

Versículos relacionados: *Proverbios 11:1; 20:23; 1 Juan 1:9*

Nota a los padres: *Esto será difícil para los niños. La respuesta por lo general será que estaban bromeando. Pero Dios no quiere que quebrantemos sus reglas ni siquiera temporalmente. Ayude a su hijo a entender que si alguien hace trampas y es descubierto, nadie le va a creer lo que dice más adelante, no importa lo que alegue sobre la inocencia de sus motivaciones.*

Honestos y Deshonestos (Hacer Trampas)

P:

Cuando uno está jugando, ¿está bien tratar de despistar a los otros jugadores?

R: En cualquier juego, está bien tratar de despistar a los otros jugadores si es parte del juego y no es contra las reglas. Por ejemplo, jugando al baloncesto, un buen jugador simulará que va a lanzar la pelota como una treta para superar al jugador que está en guardia frente a él. O el jugador puede simular que irá en una dirección y luego ir en otra. Un buen jugador de fútbol puede simular un pase y en cambio patear la pelota. Todas estas maniobras son parte importante en el deporte —y están dentro de las reglas del juego.

Lo importante es jugar limpio y dentro de las reglas. No estaría bien, por ejemplo, que un jugador de fútbol simulara patear la pelota con el fin de patear a otro jugador. En ese caso es hacer trampa.

Versículo clave: *Por tanto, ya sea que comáis o bebáis, o que hagáis otra cosa, hacedlo todo para la gloria de Dios (1 Corintios 10:31).*

Versículos relacionados: *Proverbios 11:1; 20:23; Colosenses 3:23, 24*

Nota a los padres: *Hay una diferencia entre tratar de despistar a otros jugadores dentro de las reglas del juego y romper las reglas del juego para obtener una ventaja injusta. Tenga en cuenta que algunos entrenadores animarán a los jugadores a simular una herida o a ser demasiado agresivos. El problema con esos consejos es que son contrarios a las reglas, no que engañen al equipo contrario.*

Honestos y Deshonestos (Hacer Trampas)

P: ¿Por qué algunos hacen trampa para ganar un simple partido?

R: Algunos hacen trampa en los deportes o en un juego porque ganar es demasiado importante para ellos. Tienen que ganar en todo. Quizá les gusta sentirse poderosos y que controlan la situación. Quizá les gusta la atención que el ganador recibe. Quizá de verdad creen que porque ganan son mejores. Y puede ser que hasta se sienten desesperados por ser respetados y se creen que los demás únicamente los apreciarán si ganan. Los que hacen trampa no entienden que Dios los ama ya sea que ganen o pierdan.

Dios quiere que nos esforcemos mucho en lo que hacemos y que hagamos las cosas bien. Si no somos muy buenos en algo que hacemos y queremos mejorar, entonces tenemos que practicar y esforzarnos más. Si hacemos trampa con el fin de ganar, estamos tomando un atajo y tendremos que seguir siempre haciendo trampas para poder ganar.

Recuerda, cuando participas en un juego, sé justo, juega limpio y sigue las reglas. Dios quiere que hagas lo mejor que puedas y que seas honesto. Y ya sea que ganes o pierdas, tienes que tener una conducta correcta.

Versículos clave: *Esta no es la sabiduría que desciende de lo alto, sino que es terrenal, animal y diabólica. Porque donde hay celos y contiendas, allí hay desorden y toda práctica perversa (Santiago 3:15, 16).*

Versículos relacionados: *Proverbios 11:1; 20:23; 2 Corintios 10:17; Filipenses 2:3; Santiago 1:15; 4:16*

Nota a los padres: *Muestre su aprobación de los niños que no hacen alardes por haber ganado. Puede ilustrar esto hablando de un deportista favorito que enfoca la excelencia en lugar de tratar de romper las reglas para ganar un partido. Muchas personas justifican sus trampas diciendo: "No soy el único. Todos lo hacen." Aunque otros niños pueden estar haciéndolo, no por eso está bien hacer trampa.*

Honestos y Deshonestos (Hacer Trampas)

P: ¿Qué debo hacer si alguien me hace trampa?

Caja del Dinero
(El Juego)

Dinero

72

R: Si estás jugando un deporte como el fútbol y alguien del otro equipo patea la pelota cuando está fuera de la cancha, deja que el árbitro se encargue del asunto. No llames tramposo al jugador ni discutas con el árbitro. Ten cuidado de decir que alguien hizo trampa, por el hecho de que perdiste el partido. Quizá perdiste con todas las de la ley.

Si estás participando en un juego sin árbitro, como es un juego de mesa y alguien hace trampa, puedes decirle que no es justo. Pero no pierdas la calma y explícale que hacer trampa es malo y que el juego no es divertido cuando alguien hace trampa. Si la persona no te hace caso y sigue haciendo trampa, no tienes que seguir jugando.

Si un adulto en un negocio te engaña dándote mal el vuelto, díselo a tus padres y deja que ellos se encarguen del asunto. Hay veces cuando nadie puede ayudar. Entonces quizá sea mejor "tragarse" el mal y confiar en Dios para encontrar la solución.

Versículo clave: *No pleitees con alguno sin razón (Proverbios 3:30).*

Versículos relacionados: *Salmo 35:1-28; Lucas 3:14; 1 Corintios 6:7*

Nota a los padres: *Si su hijo se queja de que alguien hace trampa, anímelo a orar por esa persona. Pidan que Dios le muestre a esa persona por qué hacer trampa es malo y por qué no ayuda.*

Honestos y Deshonestos (Hacer Trampas)

LO QUE ES TUYO ES MIO
(ROBAR)

P: ¿Por qué es malo robar?

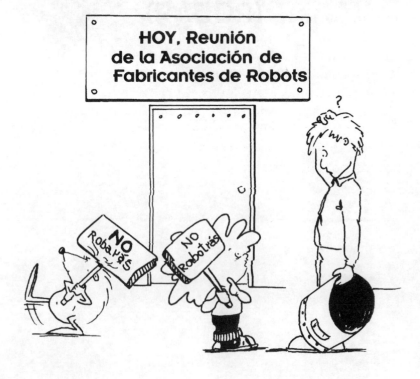

73

R: Dios es honesto y veraz. Tomar lo que no es tuyo es contrario a la naturaleza de Dios. Por eso robar es malo. Dios quiere que les demos a otros de lo que tenemos, que les ayudemos y confiemos en que él nos dará lo que necesitamos.

A veces la gente roba porque quiere tanto algo (una bicicleta, un tocacasete o dinero) que harán cualquier cosa para conseguirlo. Algunos roban porque se sienten desesperados. Quienes roban muestran que no confían mucho en Dios. Dios nos ama y nunca nos dejará estar en una situación en que tengamos que robar. El nos proveerá de lo que necesitamos.

Quien roba, porque no confía en que Dios le cuida y le dará lo que necesita, no recibirá la ayuda de Dios. El que roba tendrá la mala fama de ser ladrón y lo que logrará es que otros quieran robarle también a él. Así que ya ves, Dios en realidad nos quiere favorecer cuando nos dice que no robemos.

Versículo clave: *No robarás (Exodo 20:15).*

Versículos relacionados: *Mateo 6:25-34; Efesios 4:28; Filipenses 4:19; Santiago 4:2*

Lo que Es Tuyo Es Mío (Robar)

P: ¿Está bien si le robo a alguien algo que me robó a mí?

74

R: No debes robar. Robar es siempre malo. Ten cuidado de acusar a otros de haber robado. Te puede parecer que alguien te robó algo cuando en realidad no fue así. Si estás bastante seguro de que alguien te robó algo, pregúntale cortésmente sobre el objeto que te falta. Quizá estés equivocado y esa persona meramente tenga algo parecido a lo tuyo. Si vas y se lo tomas, puedes terminar por tomar algo que realmente no te pertenece. ¡Entonces serás tú el culpable de robo!

Si alguien tomó algo tuyo y ves que lo tiene, es mejor preguntarle sobre ello en lugar de acusarle de robo, aun si el objeto tiene tu nombre. Podrías decir algo como: "Veo que encontraste mi lapicera (o pluma). Te lo agradezco." Siempre piensa lo mejor en cuanto a las motivaciones de la otra persona.

Si sorprendes a alguien robándote algo o si sabes que le ha estado robando a muchos otros niños, primero conversa con él sobre el asunto. Si eso no parece ayudar, habla del problema con un adulto. Por ejemplo, con uno de tus padres o maestros.

Versículos clave: *No paguéis a nadie mal por mal. Procurad lo bueno delante de todos los hombres. Si es posible, en cuanto dependa de vosotros, tened paz con todos los hombres (Romanos 12:17, 18).*

Versículos relacionados: *Exodo 20:15, 16; Proverbios 3:30; Romanos 2:21; 1 Corintios 6:7; Efesios 4:28*

Nota a los padres: *Manejar una sospecha de robo de la manera que aquí se presenta, pone el énfasis donde debiera estar: en ganar amigos en lugar de lastimar a alguien y hacerse de enemigos.*

Lo que Es Tuyo Es Mío (Robar)

P:

¿Está bien guardarme un juguete que no es mío si el dueño no me lo reclama?

75

R: No. Tomar algo que no te partenece es robar. Un tipo de robo es cuando se pide prestado algo y no se devuelve. Sabemos que está mal robar, robar de la manera que sea, porque Dios nos ha dicho que no robemos. Y si Dios dice que está mal, entonces hacerlo dará como resultado que nos perjudiquemos a nosotros mismos y a otros. Robar es malo y termina haciéndonos daño aunque nadie se entere. Recuerda, Dios lo sabe.

Si un amigo te regala algo, entonces es tuyo. Guardártelo no es robar, y no tienes que devolverlo. Pero si alguien te presta algo o te lo da para usar por un tiempo, tienes que devolverlo cuando corresponde, aun si no te lo pidieron de vuelta porque se han olvidado. Lo mismo se aplica si encuentras algo que es de otra persona. Debes dárselo, porque eso es lo honesto. Dios nos da el mandato de no robar. Lo hace para ayudarnos y protegernos de las consecuencias de robar y de la fama de ladrón. Además, ¿no es esta la manera como quisieras que te trataran a ti? ¿Verdad que te gustaría que te devolvieran tu juguete o tu libro o balón aún si olvidaste haberlo prestado?

Versículo clave: *Y como queréis que hagan los hombres con vosotros, así también haced vosotros con ellos (Lucas 6:31).*

Versículos relacionados: *Exodo 20:15; Efesios 4:28*

Preguntas relacionadas: *¿Qué hacer si alguien te presta algo y tú y él se olvidan? ¿Es robar cuando uno no se acuerda que le prestaron algo?*

Lo que Es Tuyo Es Mío (Robar)

P:

¿Qué debes hacer si tomaste algo porque tus amigos te dijeron que era gratis, y después te enteras que tenías que pagar?

SALCHICHAS

Compra 1
Recibe 1
GRATIS

76

R: Hacer lo incorrecto siempre es malo, ¡aun cuando no sabemos que es incorrecto! ¿Has ido alguna vez a un lugar donde no debías, o dicho algo que no debías o tomado algo que no debías, sin saber que era malo hacerlo? Todos lo hemos hecho alguna vez. A veces no nos enteramos que era incorrecto hasta después que lo hicimos. Pero cuando nos enteramos, ¿qué debemos hacer? Eso es lo que realmente importa. A lo mejor tenemos que pedir perdón o devolverlo. Y ahora que sabemos que estaba mal, de seguro que no debemos volver a hacerlo. Por ejemplo, si tus amigos te dijeron que algo era gratis y lo tomaste, y luego te enteras de que no era gratis, debes devolverlo o pagarlo. Eso es lo honesto. Guardártelo es incorrecto.

A veces simplemente tenemos que usar nuestro sentido común. Por ejemplo, las cosas en una tienda rara vez son gratis. Si te dicen que lo son, asegúrate preguntándole a alguien que trabaja en la tienda. No tenemos que hacer siempre todo lo que dicen nuestros amigos. Pero sí debemos obedecer siempre a todo lo que dice Dios.

Versículo clave: *El que es fiel en lo muy poco también es fiel en lo mucho (Lucas 16:10a).*

Versículos relacionados: *1 Pedro 1:13-16*

Pregunta relacionada: *¿Qué debes hacer si un amigo te dice que está bien hacer algo, pero después te enteras por un adulto que era incorrecto hacerlo?*

Lo que Es Tuyo Es Mío (Robar)

P:

Si está mal robar, ¿por qué en béisbol "roban bases"?

La imaginación de ALBERTO

Record Mundial de Bases Robadas

77

R: En realidad eso no es robar; esa es simplemente la palabra que usan para describir un movimiento del juego. "Robar bases" es parte del juego de béisbol. El béisbol tiene otras palabras que también pueden ser confusas: el lanzador hace "caminar" al bateador, algunos bateadores "sacrifican" y la cuarta base se llama "la base del bateador". Cada deporte tiene su propio vocabulario y reglamentos. Para jugar cualquier juego, es importante saber las reglas y entender lo que significan las palabras especiales. Así que "robar" en béisbol no es lo mismo que robar alguna cosa a otra persona. Si alguien realmente se "robara" la segunda base, tomaría la almohadilla que marca la base y se la llevaría a su casa. ¡Y eso sí estaría mal!

Versículo clave: *Alégrate, joven, en tu adolescencia, y tenga placer tu corazón en los días de tu juventud. Anda según los caminos de tu corazón y según la vista de tus ojos, pero ten presente que por todas estas cosas Dios te traerá a juicio (Eclesiastes 11:9).*

Nota a los padres: *Sea perceptivo al hecho de que a veces los niños no entienden los diferentes significados que puede tener un vocablo. Anímenlos a usar las palabras con cuidado porque lo que decimos tiene mucho poder. Explíquele diferentes situaciones y casos concretos sobre este tema.*

P: ¿Está mal hacer copias de los juegos de computadora?

R: Si el juego de computadora tiene *copyright*, sí está mal hacer copias. ¿Qué significa *copyright*? Significa que la persona (o compañía que lo creó) es la única que tiene derecho a copiarlo. Los escritores de libros, cantos, artículos de revistas y programas de computadora muchas veces obtienen un *copyright* de sus obras para que otros no puedan venderlas o usarlas incorrectamente. La ley dice que cualquiera que toma y vende una obra con *copyright* de otra persona es culpable de robo.

En lo que a robar se refiere, por lo general pensamos en tomar un objeto (dinero, un juguete, lápiz, pelota, etc.) que pertenece a otro. Pero también se puede robar información. Cuando alguien compone un canto, ese canto le pertenece. Cuando alguien escribe un libro, el libro le pertenece. Otras personas pueden obtener ejemplares del canto o el libro si los compran, o si le piden prestado su ejemplar a otra persona. Pero es incorrecto creer que tienes derecho de hacer tus propias copias.

Recuerda, cuando hacer algo está mal, es malo aunque muchos lo hagan. Está mal porque está en contra de la naturaleza de Dios.

Versículo clave: *El que robaba no robe más, sino que trabaje esforzadamente, haciendo con sus propias manos lo que es bueno, para tener qué compartir con el que tenga necesidad (Efesios 4:28).*

Versículos relacionados: *Exodo 20:15; Romanos 13:1-5; 1 Pedro 2:13, 14*

Pregunta relacionada: *¿Está bien copiar audiocasetes?*

Nota a los padres: *No acepte para su hijo copias de programas de computadora o música "pirateadas", y no haga copias ilegalmente para su propio uso. Si están inseguros de lo que pueden hacer con un programa, lean el acuerdo de licencia que tiene en el paquete.*

Lo que Es Tuyo Es Mío (Robar)

P: ¿Está mal guardarse el dinero que uno encuentra en la calle?

R: La persona honesta hace un esfuerzo sincero por devolver las cosas a sus dueños, aun cuando nadie lo note. En el caso de una billetera, el que la encontró puede buscar un nombre adentro y ponerse en contacto con su dueño. En el caso de una suma grande de dinero, se puede poner un cartel o avisar a la policía. Dónde se encuentra el dinero es importante. Si lo encuentras en el piso del aula entonces probablemente lo perdió un compañero de clase. Si lo encuentras en la tienda, probablemente lo perdió alguien que acaba de estar en la tienda. En estos casos, el que encuentra el dinero debe avisarle a la maestra o decirle al cajero de la tienda. Eso es lo honesto. Lo importante es hacer por la persona que perdió el dinero exactamente lo que tú quisieras que ella hiciera por ti. A veces es imposible encontrar al dueño del dinero. Por ejemplo, es probable que nunca encuentres al dueño de un dinero encontrado en la calle o de un billete volando por un campo. Pero no es bueno usar excusas para quedarte con lo que no es tuyo —haz lo posible para encontrar al dueño y entregarle lo que es de él.

Versículos clave: *Jesús le dijo: —Amarás al Señor tu Dios con todo tu corazón y con toda tu alma y con toda tu mente. Este es el grande y el primer mandamiento. Y el segundo es semejante a él: Amarás a tu prójimo como a ti mismo (Mateo 22:37-39).*

Versículos relacionados: *Deuteronomio 22:1-3; Lucas 6:31-36*

Nota a los padres: *Los niños tienen la tendencia de quedarse con algo perdido que encontraron. Díganles a sus hijos que el más grande mandamiento de Dios nos da una norma diferente: una que respeta a otros y procura lo mejor para ellos.*

Lo que Es Tuyo Es Mío (Robar)

P: ¿Es robar si por necesidad alguien toma comida ajena?

Tienda de Alimentos

GALLETAS

80

R: Sí, tomar lo que no te pertenece es robar. No importa qué o por qué la persona robe, sigue siendo robar. La Biblia habla mucho de los pobres. El pueblo de Dios, la nación de Israel, debía ayudar a los pobres. Dejaban que los que tenían hambre recogieran las sobras de las cosechas. Pero nunca se les dijo a los pobres que se les dejaba robar comida.

Existen muchos necesitados en el mundo. Tenemos que hacer todo lo posible por ayudarles (enviando comida, donando dinero a organizaciones que los auxilian) para que no se tienten a robar comida.

Versículos clave: *Dos cosas te he pedido; no me las niegues antes que muera: Vanidad y palabra mentirosa aparta de mí, y no me des pobreza ni riqueza. Sólo dame mi pan cotidiano; no sea que me sacie y te niegue, o diga: "¿Quién es Jehovah?" No sea que me empobrezca y robe y profane el nombre de mi Dios (Proverbios 30:7-9).*

Versículos relacionados: *Exodo 20:15; Levítico 19:10; 23:22; Deuteronomio 24:19-21; Proverbios 19:17; Mateo 6:19-21, 25-34; Hechos 2:42-45; Santiago 2:14-16*

Nota a los padres: *Cuando su hijo le presente una pregunta como la que es base de este tema, es una gran oportunidad para que, como familia, empiecen a apoyar a alguna institución de ayuda al prójimo o a ocuparse especialmente de algún niño o familia necesitados. También representa una buena oportunidad para orar juntos, pedirle a Dios que supla las necesidades cotidianas de su propia familia y darle las gracias por hacerlo.*

Lo que Es Tuyo Es Mío (Robar)

P: Tomar prestado algo sin que el dueño lo sepa ¿es robar?

La imaginación de ALBERTO

¡Eehh! Ese abrigo es mío

81

R: Muy bien puede serlo. Tomar prestado algo sin pedir permiso es no mostrar respeto por el dueño. ¿Qué pasaría si el dueño lo necesitara enseguida o si se lo prometió a otra persona? Siempre conviene pedir permiso para tomar prestado algo, aun en el caso que sea de un buen amigo y ya lo hayas usado antes.

Si la persona te ha dicho algo como: "Usalo cuando quieras" y él o ella no está presente en ese momento para pedírselo, entonces es distinto. Puedes llevarlo prestado y dejar una nota diciéndole que tú lo tienes. El dueño debe saber que no se lo robaron y que tú lo tomaste prestado. Pedir permiso y dejar notas muestra respeto por tu amigo. Nunca robes algo diciendo luego "lo tomé prestado" para excusarte. Robar es malo, y también lo es mentir. Sé honesto, respeta a laspersonas y a lo que a ellas les pertenece, y a la propiedad ajena.

Versículo clave: *Y como queréis que hagan los hombres con vosotros, así también haced vosotros con ellos (Lucas 6:31).*

Versículos relacionados: *Exodo 20:15; Mateo 22:34-40; Efesios 4:28*

Nota a los padres: *Muchas veces los niños pelean entre hermanos por algún juguete cuando son pequeños y por la ropa cuando son más grandes. Esta es una oportunidad para enseñarles cómo compartir y ser generosos. Los niños no aprenden esto solos; necesitan que usted les enseñe.*

Lo que Es Tuyo Es Mío (Robar)

P: ¿Qué hago si veo que mi amigo está robando en un negocio?

Bolas de acero para rodamientos
(No sacar sin ayuda del vendedor)

R: Si ves que tu amigo va a robar algo o está tratando de hacerlo, dile que está mal robar y que no debe hacerlo. Si tu amigo no quiere escucharte, debes alejarte de él, salir del negocio o de donde sea que estén, e irte enseguida a tu casa. Estar con una persona que no cumple una ley te puede causar problemas porque es un crimen no denunciar un robo. Cuando llegues a tu casa, cuéntale a tus padres lo sucedido. Ellos te dirán qué puedes hacer para ayudar a tu amigo.

Versículos clave: *Hermanos míos, si alguno entre vosotros es engañado, desviándose de la verdad, y otro lo hace volver, sabed que el que haga volver al pecador del error de su camino salvará su vida de la muerte, y cubrirá una multitud de pecados (Santiago 5:19, 20).*

Versículos relacionados: *Exodo 20:15; Proverbios 1:10-14; 13:20; Romanos 13:1-5; 2 Tesalonicenses 3:14, 15; Hebreos 10:24*

Pregunta relacionada: *Si veo que un amigo roba, ¿qué hago?*

Nota a los padres: *Ayude a su hijo a aprender cómo elegir a sus amigos y cuándo es el momento de alejarse de algunos de ellos. Queremos que nuestros hijos sean influencias positivas, pero el momento llega cuando necesitan apartarse de niños que andan siempre causando problemas.*

P: Si uno encuentra algo que no es de uno y no puede dar con el dueño, ¿es eso robar?

R: Encontrar algo que no es tuyo no es robar, pero debes hacer todo lo posible por encontrar al dueño. El esfuerzo que haces para encontrarlo debe concordar con el valor de lo que encontraste. Una monedita vale muy poco; no tienes que poner un aviso en el periódico para encontrar a la persona que la perdió. Pero cosas como un álbum de fotos de casamiento, una caja de joyas, o una billetera son de mucho valor. Debes hacer todo lo posible por encontrar al dueño de objetos tan valiosos. Muchas veces tu mamá o papá sabrá exactamente cómo buscar al dueño. Si encuentras algo en la escuela, se lo puedes dar a la maestra. Nunca digas: "Lo acabo de encontrar y no vi quien lo perdió" como una excusa para guardarte lo que no es tuyo.

Versículos clave: *Si encuentras extraviado el buey o la oveja de tu hermano, no te desentenderás de ellos. Deberás devolverlos a tu hermano... Lo mismo harás con su asno, con su vestido y con toda cosa perdida que tu hermano haya perdido y que tú halles. No podrás desentenderte de ello (Deuteronomio 22:1-3).*

Versículo relacionado: *Filipenses 2:4*

Preguntas relacionadas: *¿Está mal guardarme un billete que encontré en el suelo cuando alguien me preguntó si lo vi? Si encuentro una moneda en la máquina de caramelos y la vuelvo a poner para sacar caramelos para mí, ¿es eso robar?*

Nota a los padres: *Dé ejemplos de cuando usted se encontró en situaciones como las mencionadas en las preguntas anteriores. Puede mencionar a su hijo que la gente notará cuando él hace un intento por devolver algo que no le pertenece.*

Lo que Es Tuyo Es Mío (Robar)

POR ULTIMO, Y TAMBIEN IMPORTANTE

P: ¿Está bien arrojarle a alguien las piedras que me tiró a mí?

EL JUEGO DE
DAVID & GOLIAT

84

R: No está bien hacer algo malo por el simple hecho de que la otra persona nos hizo algo malo a nosotros. La Biblia dice que no debemos "devolver mal por mal". La Biblia también nos dice que no tratemos de vengarnos de las personas que nos lastiman. No tenemos el derecho de castigar a personas por las cosas que hacen mal. En cambio, debemos hablar con Dios sobre la situación y dejársela en sus manos. Está bien protegernos, pero no está bien vengarnos.

Esto puede parecer injusto. Pero en realidad, sólo Dios sabe cómo juzgar rectamente —nosotros no sabemos cómo. Al negarnos a devolver mal por mal, dejamos que Dios se encargue de arreglar el asunto. Y Dios es perfecto en todos sus juicios.

El hecho de que alguien esté pecando no nos da el derecho de pecar nosotros. Siempre debemos tratar de obedecer a Dios y hacer lo que es correcto. El camino de Dios es siempre el mejor. Vengarse no resuelve el problema y, por lo general, lo empeora.

Versículos clave: *Habéis oído que fue dicho a los antiguos: Ojo por ojo y diente por diente. Pero yo os digo: No resistáis al malo. Más bien, a cualquiera que te golpea en la mejilla derecha, vuélvele también la otra (Mateo 5:38, 39).*

Versículos relacionados: *Proverbios 20:22; Lucas 6:27-36; Hechos 7:60; Romanos 12:17-21*

Preguntas relacionadas: *¿Está mal gritarle a mis padres cuando me niegan algo que quiero? ¿Está mal enojarme con mi hermano cuando rompió algo que es mío? ¿Debo ser malo con alguien que trató realmente mal a mi hermana?*

Por Ultimo, y También Importante

P: ¿Puedo decir malas palabras si no hay nadie escuchándome?

La imaginación de ALBERTO

85

R: Si algo es malo, lo sigue siendo aun si nadie se entera. Así que decir malas palabras, mentir, decir cosas malas acerca de alguien está mal, aunque nuestros padres, amigos, vecinos y todos los demás no puedan oírlo. Dios sabe lo que está pasando; él ve y oye todo. Por eso es que la verdadera prueba de tu carácter está en lo que piensas o haces cuando nadie te está viendo o escuchando. Si realmente crees que está mal decir malas palabras, entonces no lo harás y punto. No buscarás oportunidades para decirlas cuando no hay nadie para "pescarte". Esfuérzate mucho por hablar y pensar lo que es bueno y correcto, aun cuando no haya nadie alrededor, porque eso es lo que realmente importa. Aun lo que piensas cuenta; Dios conoce todos tus pensamientos. Y si alguien se entera de lo que dijiste en privado y tú no tienes de qué avergonzarte, esa persona sabrá que puede confiar en ti. Vive cada momento como sirviendo a Dios.

Versículo clave: *Ninguna palabra obscena salga de vuestra boca, sino la que sea buena para edificación según sea necesaria, para que imparta gracia a los que oyen (Efesios 4:29).*

Versículos relacionados: *Proverbios 5:21; 20:11; Eclesiastés 12:14; Filipenses 4:8*

Pregunta relacionada: *¿Está mal decir malas palabras para mis adentros?*

Nota a los padres: *A veces los niños creen que si un acto no hace daño a nadie, está bien. Pero, a la larga, las acciones incorrectas siempre lastiman a alguien. El daño puede ser indirecto o llevar tiempo antes de notarse, como cuando las mentiras crónicas destruyen la confianza en una familia. Pero al final de cuentas, todo lo que hacemos tiene un efecto sobre los demás.*

Por Ultimo, y También Importante

P: ¿Podré hacer lo que quiera cuando sea mayor?

La imaginación de ALBERTO

86

R: Algunos niños creen que cuando sean mayores podrán hacer todo lo que se les dé la gana. Y pareciera que algunos adultos viven como si así fuera. Pero no es así. Toda la vida tendremos reglas y leyes que obedecer. Cuando Dios dio los Diez Mandamientos, se los dio a todas las personas, chicos y grandes, y para todos los tiempos. Nadie madura al punto de no tener que seguir los caminos de Dios. Siempre debemos obedecer a Dios.

Esta es una de las razones por las cuales Dios nos dice que obedezcamos a nuestros padres. Hacer lo que ellos dicen nos ayuda a aprender a obedecer a otras personas en puestos de autoridad sobre nosotros más adelante en la vida. También nos ayuda a querer hacer lo que es correcto.

Versículo clave: *Nadie tenga en poco tu juventud; pero sé ejemplo para los creyentes en palabra, en conducta, en amor, en fe y en pureza (1 Timoteo 4:12).*

Versículos relacionados: *Juan 14:6; 1 Corintios 6:12; 1 Pedro: 5:1-4*

Pregunta relacionada: *¿Por qué los mayores se gritan entre ellos?*

Nota a los padres: *La cuestión que genera esta pregunta puede ser la de un doble estándar de conducta. Si los padres hacen algo que han prohibido hacer a sus hijos, éstos creerán que los adultos pueden hacer lo que quieren. No usen su edad para justificar una conducta incorrecta.*

P: ¿Pensar algo malo es lo mismo que hacerlo o decirlo?

PISCINA PURIFICADORA

R: No. Odiar a alguien y desearle la muerte son dos cosas terribles, pero el odio sólo afecta a la persona que está pensando lo malo. Empeoraría totalmente su situación si realmente le diera muerte a quien odia. Lo mismo se aplica a robar, mentir y otros malos pensamientos.

Nuestros pensamientos son importantes, porque muchas veces terminamos haciendo lo que pensamos continuamente. Supón que tu madre te ha dicho que no comas dulces antes de la cena. Pero ves los dulces en la mesa y no dejas de pensar en lo sabroso que son. Si sigues pensándolo, el deseo de comer esos dulces probablemente aumentará y aumentará hasta que por fin desobedeces a tu mamá y te los comes. Es malo pensar cosas malas, pero es aún peor hacerlas o decirlas. Dios sabe lo que pensamos, y quiere que llenemos nuestras mentes con pensamientos buenos, no malos.

Versículo clave: *Lava de maldad tu corazón, oh Jerusalén, para que seas salva. ¿Hasta cuándo dejarás permanecer en medio de ti tus planes de iniquidad? (Jeremías 4:14).*

Versículos relacionados: *1 Crónicas 28:9; Filipenses 4:8; Santiago 1:14, 15*

Pregunta relacionada: *¿Es malo tener malos pensamientos?*

Nota a los padres: *En algún momento, los niños llegan al punto de preocuparse por si serán castigados por Dios debido a sus malos pensamientos. Haga saber a su hijo que no está mal tener un mal pensamiento, pero que está mal seguir pensándolo en lugar de pensar en otra cosa. Asegúrese que su hijo entiende por qué es malo seguir con los malos pensamientos: Nuestros pensamientos se convierten en deseos y luego acciones.*

Por Ultimo, y También Importante

P: ¿Qué tiene de malo hacer lo que todos los demás niños hacen?

PROPIEDAD PRIVADA
NO ANDAR
EN PATINETA

R: Si algo está mal, está mal, no importa cuántos lo hacen. Por ejemplo, si un grupo de tus amigos empieza a tirarle piedras a las ventanas de las casas de tu vecindario. ¿Estaría bien simplemente porque todos lo hacen? ¡Por supuesto que no! Seguiría siendo malo si uno o todos lo hacen. ¡Puedes estar seguro que la policía y los vecinos dirían que está mal!

Si muchos chicos dicen malas palabras, hacen trampas, mienten, toman drogas, beben bebidas alcohólicas, fuman, desobedecen a sus padres, roban o hacen cualquier otra cosa incorrecta, no creas que también tienes que hacerlo. Tú debes hacer lo correcto, aunque seas el único que lo hace. Eso es lo que Dios quiere.

Si tus compañeros hacen cosas que son malas y te presionan para que tú también las hagas, búscate otro grupo de amigos. Apártate de los niños que siempre te están tentando a hacer lo malo.

Versículos clave: *Esto digo e insisto en el Señor: que no os conduzcáis más como se conducen los gentiles, en la vanidad de sus mentes, teniendo el entendimiento entenebrecido, alejados de la vida de Dios por la ignorancia que hay en ellos, debido a la dureza de su corazón (Efesios 4:17, 18).*

Versículos relacionados: *Jueces 2:11-15; Romanos 12:1, 2; Colosenses 2:8*

Nota a los padres: *La presión de los amigos puede ser muy fuerte. Al ir su hijo desarrollándose, puede ayudarle a combatir esa presión por medio de pasar usted más tiempo con él y también como familia.*

P: ¿Tengo que acusar a otros niños?

R: Sí, debes acusar a otros si ellos han quebrantado una ley o lastimado a alguien. Dios coloca a los adultos en puestos de autoridad para protegerte a ti y a los demás contra las malas acciones. Si esos adultos no saben del problema, no te pueden brindar esa protección. Cuéntale a uno de tus padres, maestros, consejeros, oficial de policía u otra autoridad si alguien está robando, tomando drogas o bebidas alcohólicas, maquinando para quebrantar la ley, hablando de suicidarse o de lastimar a otro. No tiene nada de malo denunciar cosas como éstas.

Pero sí es malo contar cosas acerca de los niños que no te gustan para meterlos en líos. Recuerda, tú no eres un padre, maestro, director de escuela, ni oficial de policía. Además, si delatas a alguien y por ello tiene problemas, no te jactes ni des tanta importancia a lo que hiciste. El propósito de Dios para nosotros es que le sirvamos a él y ayudemos a nuestro prójimo —esa es la razón valedera para decir lo malo que alguien hace— así que está fuera de lugar jactarse.

Versículo clave: *Y no tengáis ninguna participación en las infructuosas obras de las tinieblas; sino más bien, denunciadlas (Efesios 5:11).*

Versículos relacionados: *Lucas 17:3; Romanos 13:1-5; 1 Pedro 2:13, 14*

Nota a los padres: *El problema de denunciar o acusar a otros niños es muy real —los niños odian tanto a los que lo hacen que algunos padres animan a sus hijos a no denunciar a nadie nunca por temor a que pierdan amigos. Pero es importante que los niños delaten las malas acciones —esto es una parte básica de ser responsable como amigo y ciudadano. Enseñe a su hijo a observar las reglas motivados por un anhelo de ayudar a otros y responder correctamente a Dios.*

P: ¿Por qué la gente arroja basura en cualquier parte?

R: Algunos arrojan basura en cualquier parte porque ya es una costumbre en ellos. Otros lo hacen porque no les importa el aseo. Sea porque sea, no debe hacerse, porque las basuras contaminan el ambiente. Arrojar basura en cualquier parte demuestra falta de respeto por otros y su propiedad, y hace que todo se vea feo. También demuestra poco amor por Dios y su creación. Dios todo lo hizo hermoso y es nuestra responsabilidad mantenerlo así. Los cristianos deben respetar a otras personas, así como la propiedad ajena, la creación de Dios y la ley, por lo cual no debemos arrojar basura en cualquier parte, sino en los lugares y depósitos asignados para ello.

Versículo clave: *Entonces dijo Dios: "Hagamos al hombre a nuestra imagen, conforme a nuestra semejanza, y tenga dominio... en toda la tierra, y sobre todo animal que se desplaza sobre la tierra" (Génesis 1:26).*

Versículo relacionado: *Lucas 6:31*

Pregunta relacionada: *¿Permite Dios la contaminación ambiental en el cielo?*

Nota a los padres: *Los niños muchas veces piensan que "si yo no ensucié entonces no tengo que limpiar". Tenemos que enseñar a nuestros hijos a ser responsables por el medio ambiente. Si ven basura, recójanla. Tengan siempre a mano una bolsa para poner basura. Sea en este sentido un buen ejemplo para su hijo.*

P: ¿Por qué no es bueno hablar con extraños?

FIESTA DE MASCARAS

91

R: Lamentablemente hay muchas personas malas en el mundo. Algunas de ellas quieren hacerles cosas malas a los niños. Por eso, a los niños se les dice que no hablen con extraños. Dios no tiene una regla en la Biblia. Pero Dios ha dicho que debes obedecer a tus padres, así que sería malo desobedecer a tu mamá o papá si te han dicho que no hables con adultos que no conoces. Aun si tus padres no te han dicho nada, te conviene mantenerte alejado de gente extraña. Por supuesto, algunos "extraños" son buena gente, y algunos hasta pueden necesitar ayuda. Pero aún así, es una buena regla alejarte de los adultos que no conoces. Así que no está mal hablar con un extraño, sencillamente puede resultar peligroso. Por eso tus padres te dicen que no lo hagas. No quieren que te expongas a que un extraño que es malo pueda lastimarte. Si un extraño te pide ayuda o si ves a alguien con un problema, busca a uno de tus padres o a otro adulto que conozcas para ayudarle. No trates de ayudarlo tú mismo.

Versículo clave: *Primeramente, sabed que en los últimos días vendrán burladores con sus burlas, quienes procederán según sus bajas pasiones (2 Pedro 3:3).*

Versículos relacionados: *Proverbios 14:15; Romanos 16:17, 18; Efesios 6:1-3*

Nota a los padres: *Una manera de enseñar a su hijo cómo conducirse con extraños es por medio de la dramatización. Esto le da al niño la oportunidad de practicar lo que debe decir y hacer antes de que surja una situación peligrosa. También, explíquele que en el contexto y las situaciones correctos Dios requiere que seamos amables con las personas nuevas que conocemos.*

P: ¿Está bien importunar a mis padres para que me den lo que quiero?

92

R: Está bien pedirle a tus padres lo que quieras, pero no importunarlos insistiendo. Por ejemplo, puedes pedirles una golosina especial, regalos de Navidad o permiso para ir a la casa de tu amigo. Pero, debes pedir con cortesía y dar tus razones. Si te contestan que no, acepta su respuesta con buena actitud. No insistas. Es decir, no vuelvas a pedir y pedir y pedir para tratar de que te den lo que realmente no te quieren dar. No trates de vencerlos por cansancio.

La clave es que sencillamente respetes a tus padres. Te dieron esa respuesta porque pensaron que es lo mejor para ti. Si les ganas con tu insistencia, puede ser que te den lo que pides y más adelante lo lamenten. Dios te dio padres para protegerte y proveerte de lo que necesitas. Si los convences que hagan cosas contrarias a su primera respuesta, te colocas fuera de esa protección. Respeta y obedece siempre a tus padres.

Versículo clave: *Pedís, y no recibís; porque pedís mal, para gastarlo en vuestros placeres (Santiago 4:3).*

Versículos relacionados: *Exodo 20:12; Efesios 6:1-3; Colosenses 3:20*

Nota a los padres: *No permita que su hijo le gane por cansancio. (Específicamente, ¡no permita que siga insistiendo!) Y cuando su hijo insiste y sigue importunando, no ceda a menos que tenga una buena razón para hacerlo. También, muestren su aprobación cada vez que su hijo hace un pedido cortésmente, responde bien a sus preguntas y tiene una actitud positiva. Por último, siempre piense en su respuesta antes de darla. Si la respuesta puede o debe ser que sí, pero dice que no por su propia conveniencia, probablemente cambiará de idea cuando su hijo siga insistiendo. ¡Y eso animará al niño a seguir importunando cada vez que recibe una respuesta negativa!*

Por Ultimo, y También Importante

P: ¿Está bien dar un portazo cuando estoy enojado?

PLAF

93

R: No está bien enojarte y dar un portazo. La Biblia dice que tenemos que tener dominio propio. Eso significa que Dios quiere que controlemos nuestras emociones, no que ellas nos controlen a nosotros. Las emociones son buenas, y es bueno comprender lo que estamos sintiendo. Es decir, si estamos enojados, no tenemos que pretender que no lo estamos. Pero debemos pensar por qué estamos enojados, hablarle a Dios y a otros sobre esto, y esforzarnos por cambiar lo que causó nuestro enojo. Debemos tener cuidado de cómo nos expresamos cuando estamos enojados: gritar, insultar, pegar y dar portazos puede lastimar a otros, y empeora la situación. Si eres cortés, los demás tendrán mejor predisposición a escucharte, prestar atención y ayudarte en lo que te ha hecho enojar.

Versículo clave: *Es mejor el que tarda en airarse que el fuerte; y el que domina su espíritu, que el que conquista una ciudad (Proverbios 16:32).*

Versículos relacionados: *Gálatas 5:19-23; Efesios 4:26; Colosenses 3:8; Santiago 1:19, 20*

Preguntas relacionadas: *¿Está mal enojarme con una maestra si es injusta conmigo? ¿Es malo enojarse?*

Nota a los padres: *Manejar bien el enojo requiere práctica. Pueden ayudar a su hijo a aprender esta valiosa habilidad de varias maneras: (1) Si surge una pregunta sobre el enojo, dialoguen sobre las alternativas a dar portazos, pegar gritos o dar trancazos. Pregunte: "¿De qué otras maneras podrías hacernos ver que estás enojado?" (2) La próxima vez que su hijo se enoje tanto que da un portazo, anímelo a que le cuente qué pasa ("Estoy enojado porque...") y escuche con paciencia. (3) Cuando esté usted enojado, sea un ejemplo que su hijo puede ver e imitar.*

Por Ultimo, y También Importante

P: ¿Por qué me obligan a hacer ciertas tareas en casa?

Apreciado Recogedor de la Basura:
Esta semana encontrará la basura debajo del lavaplatos. ¡Gracias!

94

R: Por tres razones: (1) Las familias buenas trabajan unidas. (2) Los miembros buenos de la familia quieren ayudar a la familia. (3) Cumplir obligaciones es una manera de asumir responsabilidades, lo cual es parte de ir madurando. Cuando los niños son muy chicos, los padres hacen la mayor parte del trabajo de la casa. Pero los hijos, al ir creciendo, empiezan a ayudar en lo que pueden. Muchos padres asignan trabajos especiales, u "obligaciones", a cada integrante de la familia. De esta manera, todos pueden ayudar para asegurar que todo en la casa marche bien y que las tareas se cumplan. Las obligaciones pueden incluir poner la mesa, limpiar y sacudir el polvo, cortar el césped, lavar la ropa, barrer el patio, cocinar y aun arreglar el auto, dependiendo de la edad y habilidad de cada uno. Cuando tus padres te dan obligaciones para cumplir, tómalo como un elogio y una oportunidad. Ellos saben que tienes capacidad para ese trabajo y podrás ser un integrante útil de tu familia.

Recuerda, tus padres no están simplemente tratando de que hagas el trabajo de ellos. Te están preparando para la vida. Si puedes aprender ahora a ser diligente y servicial, te ahorrás muchos disgustos cuando seas grande.

Versículo clave: *Si alguien no tiene cuidado de los suyos, y especialmente de los de su casa, ha negado la fe y es peor que un incrédulo (1 Timoteo 5:8).*

Versículos relacionados: *Exodo 20:12; 2 Tesalonicenses 3:10; 1 Timoteo 4:12*

Pregunta relacionada: *¿Es pecado no limpiar mi habitación cuando mamá y papá me han dicho que lo haga?*

Por Ultimo, y También Importante

P: ¿Por qué tengo que cepillarme los dientes?

95

R: Si tus padres te dicen que tienes que cepillarte los dientes, debes hacerlo. Dios quiere que los niños obedezcan a sus padres. Pero hay otra razón para que te cepilles los dientes. Cada persona es una creación muy especial de nuestro Dios que nos ama. El nos ha dado un cuerpo en el cual vivir y con el cual servirle. Nuestra obligación es cuidar nuestro cuerpo y usarlo bien. Esto significa comer la comida adecuada, dormir lo suficiente, cuidar nuestro peso, hacer ejercicio, abrigarnos cuando hace frío y no perjudicarnos con drogas, alcohol y tabaco. También significa cepillarnos los dientes y mantenernos limpios. No sería pecado que un adulto no se cepillara los dientes por un día. Pero sí lo sería si no cuidara sus dientes y dejara que se carien. No es un pecado comer cosas dulces. Pero sería pecado si uno comiera únicamente dulces y arruinara su salud. Dios quiere que cuidemos nuestro cuerpo.

Versículo clave: *¿O no sabéis que vuestro cuerpo es templo del Espíritu Santo, que mora en vosotros, el cual tenéis de Dios, y que no sois vuestros? (1 Corintios 6:19).*

Versículo relacionado: *Cantar de los Cantares 4:2*

Preguntas relacionadas: *¿Por qué tengo que bañarme? ¿Por qué tengo que acostarme temprano todas las noches? ¿Por qué tengo que ser cortés? ¿Por qué tengo que lavarme las manos cada vez que voy a comer?*

Nota a los padres: *Tenga cuidado de no hacer de la higiene motivo de conflictos. En realidad, el padre sabio puede hacer que sea placentera. Por ejemplo, puede pegar una nota divertida cada noche en el cepillo de dientes u ofrecer jugar un juego como familia cuando todos se hayan cepillado los dientes.*

Por Ultimo, y También Importante

P:

¿Está bien gritarle a alguien que se calle si me está molestando?

Comida de Alberto

96

R: Cuando alguien nos molesta porque hace algo irritante o malo, no nos tiene que gustar. Pero no debemos devolver mal por mal. Dios quiere que seamos buenos y amables con los demás. Así que la regla es ser respetuosos, no gritones ni groseros. Si la persona está dispuesta a escucharte, habla con ella, pero hazlo con amabilidad. A veces es bueno decirle a los amigos que no están actuando bien o que se están portando mal. No te tiene que gustar la crueldad de otros, pero tampoco tienes que reaccionar haciendo lo que ellos hacen.

Dios sabe que es para nuestro bien hacer las cosas como él nos ha indicado. Responder a la crueldad con amabilidad fomenta la amistad. Cuando respondemos a la crueldad con otra crueldad, estamos alimentando el conflicto y creando más conflicto. Así que la mejor manera de hacer que alguien deje de molestarnos es ser amables con él.

Versículo clave: *La suave respuesta quita la ira, pero la palabra áspera aumenta el furor (Proverbios 15:1).*

Versículos relacionados: *Proverbios 4:24; 12:16; Romanos 12:17; 15:2; Santiago 2:8; 1 Pedro 2:17*

Preguntas relacionadas: *¿Está mal ponerles sobrenombres insultantes a la gente?*

Nota a los padres: *No permita que sus hijos digan cosas crueles o injuriosas entre ellos ni a ustedes. Abstenerse de decir groserías o palabras irrespetuosas es sencillamente cuestión de respeto hacia los demás. Muéstreles cómo dialogar sobre las inquietudes que tienen sin atacarse mutuamente. Ayúdeles a resolver problemas en lugar de pelearse por ellos.*

Por Ultimo, y También Importante

P: ¿Por qué los anuncios comerciales en la TV dicen cosas que no son ciertas acerca de algunos productos?

97

R: Las compañías pasan avisos comerciales para tratar de hacer que el público compre sus productos. A algunas compañías no les importa lo que dicen, ni si es verdad o no. Lo único que quieren es que la gente compre sus productos. Todos los anuncios tratan de hacer que el producto parezca bueno. Así que a lo mejor no mienten, pero dan una impresión equivocada. Por ejemplo, un anuncio en la TV puede mostrar a un grupo de niños divirtiéndose muchísimo con un juego. Realmente no sabemos si el juego es divertido —los niños en la TV son actores a quienes se les pagó para que aparentaran estar divirtiéndose. Así nos hacen creer que nos haría felices tener y jugar con ese juego. Cuando ves u oyes un anuncio comercial, observa y escucha atentamente. También, no te acostumbres a querer todo lo que anuncien en la TV. Es probable que no lo necesites y, de todas maneras, quizá no sea tan bueno como parece.

Versículo clave: *Mirad que nadie os lleve cautivos por medio de filosofías y vanas sutilezas, conforme a la tradición de hombres, conforme a los principios elementales del mundo, y no conforme a Cristo (Colosenses 2:8).*

Versículos relacionados: *Lucas 12:15; 2 Timoteo 3:1-9; 1 Juan 2:15-17*

Nota a los padres: *Algunos niños no saben que los anuncios comerciales pueden dar impresiones que distan de ser verdad, porque no tienen la ventaja de la experiencia que usted tiene. Usted puede hacer de esos anuncios una experiencia educativa identificando cómo pueden estar engañando al público. Quizá tenga una anécdota de cómo un anuncio le afectó a usted.*

Por Ultimo, y También Importante

P: ¿Por qué no debemos tomar drogas?

Farmacia — Droguería

98

R: Está bien tomar drogas (medicamentos) cuando han sido recetadas por un médico. Ya sabes que ellos nos dan medicamentos para ayudar a curarnos cuando estamos enfermos. Tenemos que seguir con cuidado las indicaciones del médico sobre cuándo y cuánto tomar para que nos sean de ayuda. Tomar drogas incorrectamente puede ser muy malo. Por eso es que existen leyes al respecto.

Las drogas que nos pueden hacer daño y que no son recetadas son ilegales. Algunos usan dichas drogas porque les hace sentir bien por un rato. Pero luego no pueden dejar de tomarlas y esas drogas controlan sus vidas. Ellas afectan el cerebro de las personas y algunas pueden hasta llegar a matar. No debemos permitir que nada que ponemos en nuestro cuerpo nos controle, sea comida, bebida, drogas, alcohol o cualquier otra sustancia química. Sólo Dios debe ser el que controla nuestra vida. Y Dios quiere que cuidemos nuestro cuerpo —las drogas malas lo destruyen. ¡No te acerques a las drogas ilegales!

Versículo clave: *Y no os embriaguéis con vino, pues en esto hay desenfreno. Más bien, sed llenos del Espíritu (Efesios 5:18).*

Versículo relacionado: *1 Corintios 6:19*

Preguntas relacionadas: *¿Por qué es malo tomar bebidas alcohólicas? ¿Por qué es malo fumar? ¿Por qué es malo fumar aunque sea un solo cigarrillo? ¿Por qué algunos toman drogas? ¿Por qué existen las drogas?*

P:

¿Por qué algunas personas de una raza odian a las de otra raza?

99

R: El odio es otro problema causado por el pecado en el mundo. Las personas se enojan y se odian por muchas razones. Pueden enojarse por algo que alguien dijo o hizo —pueden sentirse insultadas o heridas. Pueden sentirse resentidas por lo que algún pariente hizo en el pasado. El odio es malo. Dios nos dice que amemos, no que odiemos. Si alguien nos ofende, debemos perdonarle y tratar de arreglar nuestra relación con él.

Algunos odian por razones sin importancia. Puede ser que no les guste la religión, nacionalidad, vecindario, escuela o color de la piel de otras personas. Eso no es lo que Dios quiere. La voluntad de Dios es que todas las personas, aunque sean diferentes, vivan juntas, trabajen juntas y adoren juntas al Señor. Debemos mostrar amor y respeto por todas las personas, no importa lo diferente que sean a nosotros.

Versículo clave: *Ya no hay judío ni griego, no hay esclavo ni libre, no hay varón ni mujer; porque todos vosotros sois uno en Cristo Jesús (Gálatas 3:28).*

Versículos relacionados: *Colosenses 3:11-14; Santiago 2:14-17; 1 Juan 4:20, 21; Apocalipsis 7:9; 20:11-15*

Nota a los padres: *Preste atención a sus propias palabras y acciones. Haga todo lo posible por tener relaciones positivas con personas distintas de ustedes. Muestre a su hijo con palabras y ejemplo cómo tratar a todos con el mismo respeto.*

P: ¿Tengo que darle dinero a un necesitado?

El Banco que
Se Preocupa
por Usted

El
Banco
Amigable

100

R: Hay muchas personas pobres en el mundo. Muchas mendigan dinero para poder comprar comida. Nos da tristeza ver mendigar a alguien, y quisiéramos poder ayudar a todos. A veces pasamos de largo a muchas personas que piden dinero. Es fácil entender que no le podemos dar dinero a cada una. Si lo hiciéramos, nos quedaríamos muy pronto sin dinero y nosotros mismos seríamos pobres. Pero podemos y debemos ayudar a algunos que son pobres. Podemos ayudar a los de nuestro vecindario, ayudándoles a mejorar sus casas y dándoles comida. Podemos dar dinero a nuestras iglesias y organizaciones cristianas para ayudar a los pobres en nuestra comunidad y alrededor del mundo. Podemos colaborar en una misión local. Dios quiere que seamos cariñosos y bondadosos con los demás. Quiere que mostremos su amor a las viudas, los presos, los pobres y los que sufren hambre. Cuando ayudamos a los pobres, estamos actuando como Jesús.

Versículo clave: *Porque no faltarán necesitados en medio de la tierra; por eso, yo te mando diciendo: Abrirás tu mano ampliamente a tu hermano, al que es pobre y al que es necesitado en tu tierra (Deuteronomio 15:11).*

Versículos relacionados: *Exodo 23:10, 11; Levítico 25:35; Amós 8:4-6; Mateo 25:34-40; Lucas 4:18; Santiago 2:2-6*

Preguntas relacionadas: *¿Está bien si oro para que me den juguetes y otras cosas? ¿Por qué tengo que darle dinero a Dios?*

Nota a los padres: *Existen pequeñas maneras de estimular una actitud generosa en el hogar. También, hay maneras de dar como familia. Se puede donar ropa, muebles, tiempo y otros recursos a los ministerios que se dedican a los pobres. Y cuando tengan cosas que ya no necesitan, no vendan lo bueno y regalen lo que no sirve; eso es conveniencia, no compasión.*

Por Ultimo, y También Importante

P: ¿Está mal decir chismes?

ESCUELA DOMINICAL
Lección de Hoy:
Los peligros de andar
contando chismes

él
fue

no no
no

101

R: El chisme es un rumor acerca de alguien o algo del que todos hablan sin saber si es cierto o no. Algunos chismes son totalmente falsos, pero se divulgan porque alguien se ha encargado de esparcir esa información errada. Algunos rumores son mentiras dichas a propósito para perjudicar a otra persona. A veces los chismes tienen algo de verdad, pero no contienen toda la verdad. Aun cuando un comentario es verdad, después que varias personas lo cuentan, generalmente ha cambiado y se ha convertido en una verdad a medias. Los rumores casi siempre hacen más mal que bien.

Si escuchas decir algo malo de alguien, no lo repitas. Primero, trata de averiguar si es verdad o no. Si te enteras que es verdad, tienes dos buenas opciones: (1) Olvídalo o (2) habla con la persona aludida y trata de ayudarle. Dios quiere que seamos cariñosos y amables con los demás. Contar chismes, repetir rumores, no es cariñoso ni amable.

Versículo clave: *El hombre perverso provoca la contienda, y el chismoso aparta los mejores amigos (Proverbios 16:28).*

Versículos relacionados: *Proverbios 20:19; 2 Corintios 12:20*

Pregunta relacionada: *¿Por qué son malos los chismes?*

Nota a los padres: *Recuerde que su hijo aprende al escuchar a usted hablar de los demás. Hagan un esfuerzo por no mezclar la verdad con presuposiciones al hablar de otras personas.*

P:

¿Está bien si manejo el auto de papá por cuatro segundos?

La imaginación de ALBERTO

R: Si manejas un auto por la calle y no tienes licencia de conductor, estás quebrantando la ley. Si manejas un auto en una propiedad privada (por ejemplo, en la entrada de autos de tu casa) y no tienes licencia de conductor, estás actuando neciamente. Esto es así sin importar cuánto tiempo manejas el auto, ya sea cuatro segundos o cuatro horas. El auto es una máquina enorme que tiene mucha fuerza. Puede ser muy peligroso para ti y para otros. Por eso hay que aprender a manejar bajo la supervisión de alguien y luego pasar el examen de conductor para obtener una licencia antes de manejar un automóvil.

Versículo clave: *Por tanto, esforzaos mucho en guardar y hacer todo lo que está escrito en el libro de la Ley de Moisés, sin apartaros de ella ni a la derecha ni a la izquierda (Josué 23:6).*

Versículo relacionado: *Santiago 2:10*

Nota a los padres: *Este tipo de pregunta puede surgir del razonamiento infantil en el sentido de que está bien obedecer únicamente "la letra de la ley". Además, algunos niños tratan de ver si una regla puede ser desobedecida bajo alguna circunstancia, para poder luego extenderse y quebrantar las reglas en otras áreas. Si está bien que manejen el auto por cuatro segundos, ¿no lo estará que lo hagan por ocho segundos?*

P: ¿Qué pasa si digo una mentira sin saber que es una mentira? ¿Igual es una mentira?

acusado erróneamente
castigado injustamente

¡Libertad para ALBERTO!

R: Repetir una información que te parece que es verdad pero en realidad no lo es, no es mentir. Pero lo que dices puede ser incorrecto y perjudicar a alguien. Por eso, es importante verificar los datos para ver si algo es verdad, especialmente si la información parece sospechosa o si no estás muy seguro de ella. Suponte que un amigo te dijo que el concierto en la escuela empezaba a los 8:00 de la noche, pero en realidad empezaba a las 7:30. Sería bueno averiguar bien el horario antes de decirle a tus padres del concierto. Piensa cómo se sentirían si llegaran media hora tarde.

Cuídate de hablar demasiado. Es decir, piensa bien lo que repites o dices. Ser lento para hablar te ayudará a evitar que tus palabras te metan en líos. Te beneficias cuando los que te rodean saben que pueden confiar en lo que dices. Si temes haber mentido sin saberlo, cuéntaselo a Dios. El te perdonará. Pero también aclara la información con todos aquellos involucrados. Así no perjudicarán a nadie.

Versículo clave: *Sabed, mis amados hermanos: Todo hombre sea pronto para oír, lento para hablar y lento para la ira (Santiago 1:19).*

Versículos relacionados: *Proverbios 14:3; 17:28; 18:21; 29:20; Eclesiastés 5:2; Colosenses 4:6; Hebreos 10:24*

Nota a los padres: *Ayude a su hijo a saber decir: "No sé" o "No estoy seguro" si es que no conoce todos los factores. Por ejemplo: "No estoy seguro, pero creo que empieza a las 8:00" es mejor que decir: "Empieza a las 8:00." Dígale a su hijo que está bien no estar seguros de algo. Entonces tendrá menos predisposición por pasarle información equivocada a usted y a los demás.*

Por Ultimo, y También Importante

RECURSOS PARA LA CAMPAÑA

Pasando la verdad a las nuevas generaciones

El mensaje "ES BUENO O ES MALO" está a su disposición en diversos formatos para cada grupo-edad. Ahora usted tiene toda la información que necesita para contrarrestar las influencias culturales y reconstruir los fundamentos tan endebles en nuestras familias.

Lea y adopte una nueva manera de pensar

ES BUENO O ES MALO

Todo lo que usted necesita saber para ayudar a los jóvenes a tomar decisiones correctas.

No. 11081 Editorial Mundo Hispano

Nuestra juventud no vive ya en una cultura que enseña una norma objetiva de lo que es bueno o es malo. La verdad parece ser ahora cuestión de gustos. La moralidad ha sido reemplazada por lo que el individuo prefiere. Y la juventud actual se ve afectada por ello. Cincuenta y siete por ciento (57%) de los jóvenes de nuestras iglesias ¡ni siquiera pueden afirmar que exista una norma objetiva de lo que es bueno o es malo!

Como centro mismo de la campaña ES BUENO O ES MALO, este libro cambiará su vida y le capacitará para transmitir a la próxima generación los valores cristianos básicos.

¡YA ESTAN EN CASTELLANO!

Lee esta novela y tu vida será diferente

Asesinos de la Verdad

- Asesinos de la Verdad ▪ Novela.
No. 37028 Editorial Mundo Hispano

Este libro, dirigido especialmente a los jóvenes, aparece en el popular formato de novela que combina la fascinante historia de una jovencita y dos jovencitos y las consecuencias de sus decisiones equivocadas con los incisivos comentarios de Josh McDowell dirigidos a los jóvenes en secciones tituladas: *"El Quid del Asunto"*.

Asesinos de la Verdad transmite el crítico mensaje de "ES BUENO O ES MALO" que desafía al lector a basarse en la Palabra de Dios como norma absoluta de la verdad para utilizar en el momento de tomar decisiones.

Si hay verdades absolutas

Libro de Trabajo para Adultos

LA VERDAD SI IMPORTA
PARA USTED Y LA GENERACION DEL MAÑANA

Es un Libro de Trabajo que incluye actividades para 35 días que le ayudarán a inculcar en sus niños y jóvenes valores bíblicos como honestidad, amor y pureza sexual. Dedicando sólo 25-30 minutos por día, descubrirá una manera nueva y eficaz de enseñar a su familia cómo tomar las decisiones correctas, aun en situaciones difíciles.

La Verdad Sí Importa, Edición para adultos. No. 11082 Editorial Mundo Hispano

Durante las sesiones de grupo y las actividades individuales de este libro de trabajo descubrirá:
- Qué es lo que ha causado una declinación de los valores en nuestra cultura
- Qué verdades son absolutas y por qué
- Por qué las malas opciones parecen ser tan "beneficiosas" a sus jóvenes
- Cómo inculcar en sus hijos valores bíblicos tales como la honestidad, el amor y la pureza sexual
- Cómo equipar a sus jóvenes con un sencillo proceso de 4 pasos que garantiza que tomarán las decisiones correctas cada vez.

"LOS ESTUDIOS MUESTRAN QUE EL TEMOR MAS GRANDE ENTRE PADRES Y LIDERES CRISTIANOS ES QUE NO PODRAN PASAR SUS VALORES A LA PROXIMA GENERACION"

– JOSH McDOWELL

La **GUIA DEL LIDER** ha sido diseñada para ser usada en ocho sesiones grupales que fomentan la interacción y un creciente apoyo entre los adultos.

La Verdad Sí Importa, Guía del líder
No. 11083 Editorial Mundo Hispano

Libro de Trabajo para Jóvenes Mayores
Escapa del Laberinto Moral
con instrucciones para el líder

No. 11084. Editorial Mundo Hispano

Los jóvenes mayores, en la universidad o en sus trabajos diarios, enfrentan una cultura que no cree en absolutos. En la sociedad actual la verdad es asunto de gustos; la moralidad, de preferencia individual. "Escapa del Laberinto Moral" proveerá a todo joven que busca la verdad con un sistema de dirección moral sólida, basado en Dios y en su Palabra como el factor determinante para tomar las decisiones morales correctas.

Jóvenes — Adolescentes

Libre para Decidir y Elegir lo Bueno

Libro del Alumno: No. 11085.
Guía para el Líder. No. 11086.

Estos libros, cuyo énfasis se basa en la Biblia, enseña a sus estudiantes creativa y sistemáticamente cómo determinar lo que es bueno o es malo en su vida diaria, específicamente aplicando el proceso de tomar decisiones sobre cuestiones morales como mentir, copiar en un examen, vengarse y las relaciones sexuales antes del matrimonio.

A través de ocho reuniones grupales para jóvenes, seguidas cada semana por cinco ejercicios diarios de 20-25 minutos, sus jovencitos serán guiados a desarrollar el hábito, que durará toda la vida, de tomar decisiones morales correctas.

Sigue la Verdad Y Triunfa

Libro de Trabajo Niños Mayores: 11087 E.M.H.
Libro de Trabajo Niños Menores: 11088 E.M.H.
Guía del Líder: 11089 E.M.H.

Considerar las
opciones

Compararlas
con Dios

Para pasar la verdad y guiar a toda una generación, debemos enseñar la verdad de Dios cuando las mentes y los corazones de nuestros niños están tiernos y dóciles. Creativamente desarrollado **"Sigue la Verdad Y Triunfa"** se compone de dos libros de trabajo. Uno está diseñado para niños de los grados escolares 1-3 y otro para los niños de los grados escolares 4-6.

En ocho divertidas sesiones, sus niños pueden descubrir la razón por la cual verdades tales como la honestidad, la justicia, el amor, la pureza, el dominio propio, la misericordia y el respeto resultan para el bien de ellos, y cómo cuatro pasos sencillos les ayudarán a desarrollar el hábito, que durará toda la vida, de tomar decisiones morales correctas.

Contar con la
protección de Dios

Comprometerse
con el camino
de Dios